▲ "我进步 我收获"——采摘红石榴活动

▲ "阳光成长银行"储蓄活动

▲ "阳光下成长"六一表彰暨第一届艺术节汇演

▲ 2014年世界智力精英运动会组委会走进回龙观第二小学

▲ 北京龙在天袖珍人皮影艺术团走进回龙观第二小学

▲ 采访纪连海老师

▲ 参观中国科学技术馆

▲ 举办昌平区学生棋赛

▲ 开展"感受西方魅力文化，阳光英语洒满校园"系列活动之"万圣节"

▲ 开展"好书共享"图书跳蚤市场活动

▲ 开展"红领巾向太阳，做个阳光好少年"主题班会评优活动

▲ 开展"环保我先行"主题活动

▲ 开展"缅怀革命烈士，践行民族精神"祭扫烈士墓活动

▲ 开展"让真爱洒满人间"大型感恩教育演讲活动

▲ 开展"我爱祖国　唱响红歌"红歌合唱比赛

▲ 开展"追逐阳光，快乐成长—昌平职校体验之旅"活动

阳光德育 润物无声

北京市昌平区回龙观第二小学　编

CFP 中国电影出版社

图书在版编目（CIP）数据

阳光德育　润物无声 / 北京市昌平区回龙观第二小学编. —北京：中国电影出版社，2016.11

ISBN 978-7-106-04587-6

Ⅰ. ①阳…　Ⅱ. ①北…　Ⅲ. ①德育—教学研究—小学　Ⅳ. ①G621

中国版本图书馆CIP数据核字（2016）第268794号

责任编辑：纵华跃
封面设计：青　蜓
版式设计：青　蜓
责任校对：李　健
责任印制：庞敬峰

阳光德育　润物无声
北京市昌平区回龙观第二小学　编

出版发行　中国电影出版社（北京北三环东路22号）　邮编　100013
　　　　　电话：64296664（总编室）　　64216278（发行部）
　　　　　　　　64296742（读者服务部）
　　　　　E-mail:cfpygb@126.com
经　　销　新华书店
印　　刷　三河国英印务有限公司
版　　次　2017年7月第1版　2017年7月第1次印刷
规　　格　开本 / 710毫米×1000毫米　1/16
　　　　　印张 / 14.25　　插页 / 8　　字数 / 260千字
书　　号　ISBN 978-7-106-04587-6 / G·0811
定　　价　42.00元

序

一所洒满阳光的学校

这是一所正在发展中的年轻学校，这是一所洒满阳光的学校，他们用爱心和智慧为学生的健康成长铺设阳光大道，为教师的专业成长搭建阳光舞台，为学校的可持续发展营造阳光环境。

本书所辑录的，正是回龙观二小师生、家长探索阳光教育的历程和前行的足迹，他们的班级文化建设、学生的各种丰富多彩的实践活动、家校携手共育人的合作方式都在传递着农学院附属小学共同的阳光文化育人密码——以"阳光教育"为载体，创建一所洒满阳光的学校，培育雅行自信、健康快乐的阳光学子。

书中的每一段文字，每一个章节，都以鲜活具体的教育案例和真实的故事为编辑方式，告诉你这里在发生着什么，是怎样发生的，又带给学生怎样的改变……

这本书，没有堆砌的华丽词句，却把爱的正能量悄然无声地传递着；这本书，没有高大上的教育思想和教育理论，却能看到平凡岗位上阳光教师们的繁忙和智慧。在他们朴实的文字里，你会闻到辛勤耕耘后花朵的芳香，你会听到爱心滋养背后生命拔节的声音，你会看到一个个充满正能量的生命对阳光的渴望。

心中有阳光，脚下有力量，这所年轻的，洒满阳光的学校教师们行走在阳光教育的路上，他们以生命感知生命，以心灵悦纳心灵，他们在自己的阳光乐园里，收获着无穷的教育智慧，释放着矢志不渝的教育情怀，追求着教育的梦想。

张红

前　言

让教育充满阳光

阳光布德泽，万物生光辉，培养雅行自信、健康快乐的阳光学子，是回龙观第二小学暨北京农学院附属小学的办学使命。为培养学生敢于担当的阳光品质，用阳光心态面对生活，学会合作、学会奉献，学会释放正能量，激发学生积极向上、敢为人先的阳光活力，从而塑造学生雅行自信的品格。学校以阳光教育为办学理念，建构了一种用爱心营造，用智慧打造的温暖生命的教育，建构了一个能激扬学生生命活力的德育新模式。如何通过多角度、多途径达到全员德育，全方位、立体育人，从而把学生培养成雅行自信的阳光少年，成了回龙观二小德育工作者的首要任务。

回龙观二小德育工作者以一班一特色，一班一品位为抓手，把班级文化建设舞台和班级管理交给师生，让他们当家作主，实现班级建设的自治和创新。通过打造一班一品的特色班级文化，让孩子们接受传统美德的熏陶。在班会课上，师生一道制定自己的班歌、班会和班训，孩子们在自己制定出来的道德准则中，自觉进行自律。正是在这样的班级自治管理中，回龙观二小的学生们慢慢地养成了良好的习惯。

回龙观二小德育工作者还通过系列主题班队会和每月的主题活动，让学生更加明确如何做一名雅行自信的阳光少年。每月的教育活动主题根据年级和年龄的不同进行有针对性地开展，并充分利用节日文化对学生进行教育，给孩子们搭建展示自我的舞台。学校所开展的这些阳光德育活动，尊重了孩子的个性，释放了孩子的潜能，激活了孩子的活力，润物细无声地浸润着学生的幸福童年。

阳光教育需要家长的有效合作。回龙观二小人创新机制，成立阳光家长委员会，开展家长大讲堂、给随班就读生特别的关爱，学校的每项活动，如

图书漂流、运动会、一年级入队仪式等等都有了家长志愿者的参与，学校在活动中引领家长成为阳光德育的重要合作伙伴，促进家校合一，增亮育人光度，最大限度扩展阳光教育合力。

在"阳光教育"理念的引领下，"赤橙黄绿青蓝紫"七色阳光评价体系诞生了，七色阳光评价让回龙观二小阳光学子变得越来越自信。

《阳光德育　润物无声》编辑的正是回龙观二小德育工作者和阳光学生、家长对阳光教育的思考、感悟，理解。在文字中，你将看到他们用阳光的心态看这个充满阳光的世界；在文字中，你将看到他们对阳光教育的理解、憧憬以及在实施阳光教育中的收获；在文字中，你将看到他们为把回龙观二小变成一所洒满阳光的学校所作出的努力。

李成旺

目　　录

第一章　阳光文化　引领班级生态建设

阳光入心　润物无声

李云耘

"教育奏佳音，当需乃发生，阳光潜入心，润物细无声。"自2012年起，"阳光教育"犹如一粒种子，一头扎进了心里，便一发不可收拾。打造阳光教师、培育阳光学生，营造阳光环境，成就每一位回龙观二小人的七彩人生，变成了我们的"附小梦"，4年来，我们每时每刻都在努力着、思考着、实践着……

一、做一名有阳光味道的教师

我们把团队中每一个人阳光心灵的塑造作为首要任务，引导师生说阳光的话，办阳光的事，做阳光的人。所以每一位教师都努力使自己成为微笑、自信、智慧型的阳光教师。通过"开心一刻"、"阳光教师讲坛"、"学校精神大家谈"、"让生命多一份教育的感动"、"用心思考、精心做事"、"我谈执行力"等内容，达到"阳光教育"内化于心树理念、外践于行求实效的目的。以"自主管理、自我发展"为引领，学校先后成立了"阳光新语"班主任工作室，"阳光晨露"青年教师工作室，这里是年轻教师们交流与学习的平台。采用室长负责制，学校可根据他们的需求提供学习书籍、安排学习交流等活动。目前阳光新语班主任工作室已与南口镇小建立了手拉手关系。

学校在实行考核的基础上对教师也是进行"阳光"评价——全面建设教师"成长档案"，及时记录学习培训后的心得体会、成功的教学案例、有价值的教学反思、课改中发现的问题及相应的对策，并把自己的论文、课题研

究等资料也一并放入成长档案袋中。真真实实的学习成果，实实在在的成长历程，一目了然，使评价起到促发展的作用，加速了教师的专业化成长。学校还定期评选表彰阳光团队、阳光新秀、感动学校人物、学生最喜爱的班主任等活动。力求让评价成为一种积极向上的促进教师成长的文化。

这一系列活动都是要激发教师的原动力，让每一个人都有机会彰显才华、享受生活、分享幸福，从而提升教师的职业精神，形成共建阳光学校的合力。

二、育一群有阳光心灵的孩子

德育领航，学校德育处和少先队大队一起利用班校会、升旗校训、少先队大中队活动等时间开展系列活动，让学生明确如何去做一名雅行自信的阳光学生。并根据年级的不同在内容上做了细化，每月都有不同的教育活动主题。学校还充分利用节日文化对学生进行教育，如春节、元旦、端午节等等节日，此外还有学校自己的科技节、体育节、艺术节、读书节等，在每一个不同的节日上，都有学生施展才华的舞台。同时结合综合素质提升工程，进一步培养学生的创新精神和实践能力。

学生的日常管理也是采用"自主管理、自我发展"的模式。每天早上的晨诵、每周值周班级、每天一日班长、一日楼长等，都是在发挥学生自我管理的能力，他们随时发现师生的亮点，及时记录并在校会上表彰，在管理过程中也是发现问题敢于纠正。学生的自我管理促进了良好习惯的形成。

在实践探索中，我们运用"阳光教育"理念，精心设计"赤橙黄绿青蓝紫"七色阳光评价体系，针对七色阳光评价学校开设了"阳光成长银行"，成长银行的行长、工作人员都是学生竞聘上岗。银行发行七色阳光币，每一色彩的阳光币代表一方面的好习惯。学生在日常的学习与生活中，可以通过自己的努力挣得阳光币，每月到成长银行办理存款业务一次。获得单项阳光少年和综合阳光少年的学生还会在结业式那天得到学校颁发的奖章，综合阳光少年还要奖励游学一次。成长银行还为每位学生存放小学六年使用过的存折、优秀的作品以及评价手册等，毕业典礼上由教师亲手送给他们。因为成长银行存储的不仅仅是这些物品，而是学生六年的好习惯，六年的成长经历。

三、辟一片有阳光色彩的"天地"

（一）温暖开放的阳光课程

编写阳光校本课程——自我实践、自主管理课程教材。通过全校范围内征集问题，集思广益。经过整合，确定出针对性强的问题展开研究。教材以问题的形式呈现内容。比如：小手脏了怎么办？小柜子关不上门怎么办？中午用餐楼道卫生怎么办？剩菜剩饭怎么办？针对问题，讨论出最佳的解决办法，通过文字、图片和视频告诉学生怎样去做。从而使养成教育润物细无声的融入学生心田。

阳光课堂应该是温暖的、开放的，所以我们把微笑定为了教师的名片。用教师的微笑来激发学生的自我信任感，点燃学习自信心，每位老师都努力蹲下身子，放慢步子，放下架子，成为学生的同伴、朋友，既面向全体又关注到差异，使学生在课堂上真正做到"积极、自信"，学有所得，学有所乐。

（二）彰显灵性的生态班级

以学校"阳光教育"为引领，以绿色生命为核心，以教育实践为手段，通过师生共同感知生命，体验生命历程，学会珍惜生命。

1. 绿色生命走进校园

在阳光教育的理念下，并凭借回龙观二小小学这一得天独厚的契机，学校开展了"参与成长、关爱生命"的主题活动。校园内开辟了一片"绿植生态园"。园子里种植了石榴树、山楂树等多种植物，学生们时常利用课间时间来为小种苗浇水、整理生态园环境。亲眼鉴证了绿植的成长。待丰收时节，德育处开展"丰收采摘"活动，老师们与学生们一起采摘辛苦培育的果实，享受采摘的乐趣，感受丰收的快乐。凭借参与绿植的生命成长，教育孩子们，尊重他人的生命，关爱家人、同学、老师，以及身边的朋友，爱是相互的。给予别人关爱，也会收获到他人的关爱。赠人玫瑰，手有余香。让践行社会主义价值观得到真正的体现。

2. 绿色生命走进班级

我校德育处积极号召班级开展"一班一品"德育活动。即一个班级，一种植物，一种品格。每个班级选择一种植物作为本班的代表植物，向它学习高尚的品格。并且学校为班级提供植物种子，通过让学生在培养绿植的过程中，参与生命的成长，感受生命的意义。在教学实践中，逐步形成了绿色生

态化班级，将"阳光教育"下的绿色生命与学科教学紧密结合，创设自然、和谐的课堂环境，让班级环境成为体现绿色生命力量的地方。让师生在课堂中感受绿色、共享快乐、与绿植共同成长。

3. 绿色生命走进家庭

学校德育处开展"我与家人共种植"家校活动。让绿色生命走进家庭。学校开设"种植小课堂"，教家长和孩子们一起种植蔬菜，如无土栽培等。班会课上，老师们会让孩子们晒出家庭培育的绿植照片，一起分享种植的快乐与幸福，让绿色生命教育不仅存在于校园，班级，更让孩子们在家中时刻感受到生命的可贵。

（三）绿色温馨的阳光环境

学校秉承"阳光教育"的办学理念，在增强环境设计的教育性和艺术性上做了认真的思考和准备，努力营造内涵与外显一致的阳光特色环境文化。

学校建有文化墙、阳光园（教学楼）、育园，科技苑（实验楼）、书画苑、棋苑和运动场。教学楼一至四层，每层都有阳光文化主题墙，一层厚德善行，二层乐学善思，三层魅力健体，四层识美悟情。楼内有开放式的阳光书吧、有供自由阅读或是上阅读课的阅览室，有书香楼道、科技长廊、棋思妙想等思想、文化教育阵地，都深受学生的欢迎。

阳光班级文化建设，有班主任的温馨寄语、班级的约定、班标以及显示才华的七彩阳光展示墙等。班级健康向上的精神风貌与学校的办学理念达到一定程度的结合，增强了环境育人效果，提升了班级文化品位。办公室文化：净、美，温馨。通过整齐的物品摆放，花草等植物的点缀创设一个雅致而有情趣的工作环境，让每位教师都能感受到置身于集体中的温暖与舒心。就连卫生间也是一种带有色彩的文化空间，男学生卫生间蓝、白两种色调，凸显男孩的宽广与豪迈，女学生卫生间粉、白两种色调，凸显女孩的淑女与清新。

楼外的绿化美化设计也是突出阳光教育的主题。南侧是阳光棋苑，建有供师生休息的文化长廊、棋桌棋椅等，周边配以绿地、花、树，凸显生机与活力。北侧是育苑，一个代表着回龙观二小学子在阳光下幸福成长的雕塑坐落在花草之中。我们力争让每个角落在美的基础上都洋溢着书香气息和人文底蕴，凸显阳光教育本色。

（四）渗透价值观的养成教育

英国的哲人查尔斯说："播下一种思想收获一种行为，播下一种行为收

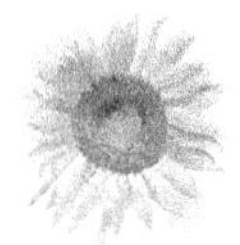

获一种习惯，播下一种习惯收获一种性格，播下一种性格收获一种命运。"养成教育是德育工作的重点，践行社会主义核心价值观是国家精神文明建设的重点，怎样把核心价值观融入都养成教育中，我们一直在思考着，尝试着。

首先，我们从丰富多彩的活动中入手，每月一个主题，践行价值观的一个方面。如九月份以遵守规则为主题，践行社会主义核心价值观中的法制；十月份以爱国为主题；十一月份以责任为主题，践行社会主义核心价值观中的敬业；十二月份以诚信为主题，三月份以友善为主题。活动以年级组的形式开展，学校开学初制定出德育工作计划，力求具体、细化。如每个月的主题，呈现方式，学生的培养目标等等，计划就如同流程，老师们可以按照计划设计好本年级的各种活动。这个月每个年级就开展了丰富多彩的学雷锋活动，把雷锋精神渗透到学生的养成教育中去。

正在编写《方与圆的对话》的养成教育校本教材。教材通过人物"方方"和"圆圆"的对话，引出一个个学生身边养成教育的小故事，通过充满童趣的语言，来激发学生的学习兴趣；通过真实的事例让学生养成好习惯，改变一味的说教，而是从学生的内需入手。我们学校的校花是太阳花，校徽也是一个童趣的太阳，花心是一个圆形的，就如同每个孩子内心的小宇宙都应该是一个温暖、完美的圆，在圆的周围光芒四射，就如同孩子们各具特色的性格、爱好等等。我们希望我们的每一个孩子都能如一朵艳丽的太阳花一样，快乐、健康、雅行、自信。

我校阳光德育工作一直在探索的道路上，不断前进。在"阳光校园文化"的建设中，学校力求让"每一面墙、每一处景观都说话"，让每一个教育行为都体现阳光教育思想，让每一个人都彰显阳光文化品位。楼梯间的拐角处，都包含着教师和学生们大胆的创意，以学生和老师一起制作的纸花，拼凑成学校的名字，处处彰显着生命的力量。德育处在班级中开展"优秀小花匠班级"评选活动，一个学期即将结束时，每个班把开学初学校下发的植物拿出来进行评比。看看哪个班级培育的植物最好，枝繁叶茂，评选出优秀小花匠班级，奖励更多更好的植物，并且通过此活动培养孩子们的责任心。

如今的北农附小校园，笑声、歌声、掌声，声声入耳；新创意、新画面、新气魄，处处入心……

处处充满着阳光的味道，跳动着快乐的音符，彰显着生命的灿烂……

"阳光天使"班级文化

班级	一（1）	班主任	于慧	副班主任	高尹泽	时间	2015—2016
班级文化建设目标	总目标：立德为先，学会做人。 阶段目标：1.明确遵守规则的重要性，学会自律； 　　　　　2.懂得自己的存在价值，学会自信； 　　　　　3.凝聚班集体的强大力量，学会团结。						
班名	阳光天使班级 　　我们是快乐、阳光的小豆丁，我们是充满爱心的小天使，我们是雅行自信的好少年，我们希望一一班在于老师的带领下，和家长一起，让我们的班级充满阳光，让我们的校园洒满阳光。						
班徽	 　　背景是令人心生清凉的绿色，正如我们被绿萝装点着的教室，绿意盎然，充满生机。班徽主要有一位手握魔法棒的小天使和一枝弯曲的绿萝藤蔓组成。小天使代表我们一一班的每一位阳光小天使，只要我们努力奋斗，就一定能够收获魔法一般的秘诀，改变我们身边的世界；绿萝藤蔓代表我们的班花，同时也象征着每一名小天使都拥有像绿萝一样的宝贵精神，我们知感恩，谦虚，坚韧，阳光，上进。						
班植	绿萝 　　1.绿萝的花语是"坚韧善良，守望幸福"，它们用一片片绿意点缀着教室的环境，在窗台，在书架的顶部，默默地回报着孩子们的照顾，慢慢生长，懂得感恩。（知感恩） 　　2.绿萝遇水即活，土培水培均可，并不需要太多的阳光，不需要太肥沃的土壤，哪怕在清水之中，也能自在生长。生性强韧，易于养殖，孩子们也可以在和绿萝的相处中感受到它的坚韧不拔。（坚韧，阳光） 　　3.绿萝藤蔓缠绕，千丝万缕，柔中自有一股韧劲，几乎不会开花，不招摇，静静处在角落里，在叶子上书写自己低调的美好。（谦虚）						
班训	勤学善思，自律自强。 一年一班，快乐成长。						
班歌	《哭着笑着就长大了》						

班级	一（1）	班主任	于慧	副班主任	高尹泽	时间	2015—2016

| 班级
公约 | 用微笑诠释美好：
　　微笑是人与人之间最直接的表达，是传达感情最直接的方式。有人说：微笑是全世界都通用的语言。因为，不同地方的人可能听不懂你讲的话，但却可以读懂你的微笑。
　　微笑，像阴霾中的一缕阳光，给别人带来的是温暖和明亮。我们是朝气蓬勃的小学生，学会用微笑来诠释心中的美好，它会融化我们心中的坚冰，让我们更加团结友爱；它会让我们的心里阳光灿烂，让我们向快乐出发。
　　让我们从微笑开始，用微笑向所有人诠释美好！
用聆听表达尊重：
　　尊重别人，最首先要学会的，就是认真聆听。当我们和别人聊天的时候，当我们在听老师讲课的时候，用聆听表达尊重，这是最基本的礼节。只有这样了，别人才能够感受到我们的尊重，当我们在表达的时候，别人才会用认真聆听来回报。
　　在聆听方面，我们还可以做得更好。
用小手学会勤劳：
　　业精于勤，我们稚嫩的小手并不能做出太多的事情，但是只要我们努力尝试，一定会学会越来越多的本领。我们的班级需要我们勤劳，打扫卫生，养好绿植……勤劳可以为我们的班级创造整洁的环境；我们的家人需要我们勤劳，为爸爸捏捏肩膀，帮妈妈做力所能及的家务，勤劳可以为我们的家庭创造更多的快乐；我们自己也需要我们勤劳，认真学习更多知识，收拾自己的物品……勤劳可以为我们自己创造更多的成就感。
　　我们都有一双灵巧的手，让我们用双手学会服务，学会劳动，学会创造，都来做勤劳好儿童吧！
用心灵尝试感恩：
　　感恩父母，给我们生命，把我们养大；感恩老师，教我们知识，教我们本领；感恩朋友，和我们作伴，陪我们长大；感恩学校，让我们快乐地学习，自在地游戏……
　　我们能够快乐地成长，要感恩的太多太多，学会感恩，让自己心灵更加纯美！ |
| 班主任
寄语 | 小天使们，阳光明媚，扇动梦想的翅膀，自在起舞吧！ |

用爱温暖"小刺猬"

于慧

　　刚刚接手这个班级的时候，看着孩子们脸上灿烂的笑容，仿佛是一个个快乐的小天使，让我们的班级里洒满了阳光，因此，我给班级取名"阳光天使班级"。然而，让37个小天使在一个班级里有序快乐地学习却不是一件容易的事情，尤其对于自律性差的一年级孩子来说，真是难上加难。在每个班级里都有那么几个个性十足，比较难管的"小刺儿头"。我们班的晓晓同学，就是这样一个孩子。

　　一年级刚开学时，这小家伙完全无视班级的规章制度，任性地想做什么就做什么。在第一天上课时，他频繁地在课上插嘴打岔，总是需要老师提醒他："想要发言先举手。"结果打岔的次数太多了，其他同学都开始纷纷去提醒，他仍然改不过来这个毛病。而且我安排的每一项任务他都会把"凭什么""为什么"挂在嘴边。我说："同学们，你们是小学生了，上课的时候，我们应该安静听讲，不要在老师没有允许的情况下说话。想要发言先举手。"他在下面拉长了脸，嘟囔了一句："凭什么啊？"我说："中午吃饭要排队打饭，不要说话。"他在后面大声地说："为什么呀？"因为他频繁地犯错，而且不思悔改，一批评还梗着脖子跟老师顶嘴。开学第一天，好几位老师批评了他。第二天，他就大吵大闹不来上学，让本来在开学时就手忙脚乱的我更添烦躁……

　　不过，对于他，硬性地去压制是没有用的，开学第二天，我和他的妈妈打了很长时间的电话，对孩子的脾气性格，在家里的表现以及家长的态度都了解的一清二楚。他的爸爸妈妈和姥姥都非常溺爱这个孩子，造就了孩子小霸王的性格。不过，他的父母也都希望孩子能够变得优秀，表示会积极配合老师，让孩子早点适应小学的生活。在沟通的过程中，他妈妈哭了，听了她在电话那头的哽咽声，身为一个母亲，我的心一下子软了。是啊，问题再严重，他也只是个孩子。除了因材施教，对他给予更多的耐心和爱心是我唯一的选择。

　　于是，在之后的课上，我每次提出一个要求，都会提前解释为什么，没有等到晓晓打岔反驳，我就已经提前争取到了其他孩子支持的呼声。久而久之，我形成了一个凡事都会解释的习惯，而且每次解释都会看着晓晓的眼睛，慢慢的看到了他眼神里的抵触和倔强变得温和。虽然多花了一些时间，可是，他对我不那么抵触了。在他每次主动来问我问题的时候，我都会很耐心地回答，而且不管他是怎样的态度，我都会报以笑容，顺便摸摸他倔强的小脑袋，拍拍他的小肩膀。后来，他即使有了问题，也会举手问我，有时候我装做看不见他，他就一直坚持举着小手，却不再直接开口说话扰乱秩序了。在一次日记里，晓晓写道："于老师真像我的妈妈，我叫你于妈妈吧？"我特别感动。在期末，我把"进步小天使"的奖状发到了他的手里，虽然他还有很多其他的毛病，可是，我相信，他会越来越好。

　　转眼间，我已经和小天使们一起度过了整整一个学期，他们用快乐和活泼感动着我，从各行其是的一个个不懂事的孩子变成了一群懂纪律、知感恩的小学生，也让我收获了太多的喜悦与欣慰。

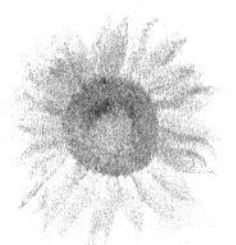

"小太阳" 班级文化

班级	一（2）	班主任	石岩	副班主任	冯岩毅	时间	2015—2016
班级文化 建设目标	总目标：善良正义，朝气蓬勃 阶段目标：1.守规则，会感恩； 　　　　　　2.懂宽容，能谦让； 　　　　　　3.雅行自信，快乐成长。						
班名	小太阳 　　见到孩子们的第一面，就被他们阳光快乐的面庞所感染。我希望我的孩子们能如同小太阳一般温暖，充满正能量。也希望他们能给周围的人带来光和热！所以，班级名字定为小太阳，每一个宝贝都是能够发光发热正义的小太阳。						
班徽	《班徽图案》 　　外围是红红的太阳，中间是可爱的班级植物——多肉。阳光、乐观、向上是我们的成长方向，中间位置小嫩芽与2很好的组合代表了我们小2班的阳光小少年。寓意着孩子们能快乐的健康成长。不畏惧艰难，以一颗如同太阳般从容大度的心态去面对一切。						
班植	多肉植物 《多肉植物图片》 　　1.多肉植物可供观赏，美化班级环境。——享受视觉学习环境。 《多肉植物架图片》 　　2.多肉植物喜欢阳光，充足的阳光让多肉快速生长——学会尊重规律，耐心等待。						

班级	一（2）	班主任	石岩	副班主任	冯岩毅	时间	2015—2016

班植	 　　3.多肉具有顽强的生命力，一片掉落的叶片可以长出一小株植物。——顽强，不放弃。 　　4.多肉不可浇水过多，过多的水分容易造成死亡。——学会自我控制和管理。
班训	自信自强，勇攀高峰。
班歌	《世界需要热心肠》
班级公约	雅行自信，阳光向上 　　卫生：每天由值日生负责中午以及下午放学后的值日。保持工作由全班同学来共同努力。无论在什么地点见到垃圾都要弯腰拾起。做一个讲卫生，美化环境的好孩子。 　　2.待人：宽容和理解能开出最美的花。懂得包容他人的缺点和错误，诚实守信。 　　3.遇事：以一颗宽容、大度、从容的心去面对需要解决的问题。遇到困难不退缩不放弃，迎难而上，勇往直前！ 　　4.学习：敢于拼搏，敢于勇攀高峰，有同学横向竞争，与自身纵向对比。谦虚好学，永不言弃！ 　　5.班荣我荣，班耻我耻。让班级因我而精彩！ 　　6.自理，自信，团结互助。
班主任寄语	宝贝们，大胆的前进，不要畏惧和退缩，当困难来临，以一颗从容的心去面对。老师愿意做你们永远的港湾，最坚实的后盾。愿你们每一个小太阳都能做最棒的自己！

"阳光"会让每一颗"种子"生根发芽

石岩

从夏天走向夏天，与我的一年级小豆丁们不知不觉快要相处一年了。感叹时间飞逝，也从中经历了酸甜苦辣，更收获了不少幸福。班主任生涯由此开始，陪伴这些可爱的小家伙儿成长，也与他们一起成长。

第一个小故事：

溺爱现象已经成为一种社会不良状态，非常普遍。现在的宝贝可谓家中的"心肝宝贝"。孩子要星星，家长不敢给月亮。这导致孩子来到学校这个群体当中不能很好的与周围的同学相处。如同一颗没有发芽的种子，找不到方向。

王浩羽，他是一个个子较高有一点点微胖的男孩子。个性很强。爸爸妈妈工作非常忙，对他疏于管理，也极少能有感情上的沟通。放学后，他由托管班老师接走去做作业。这个孩子的问题在于他总是试图用暴力解决问题。每每遇到一丁点的小问题，他便挥起小拳头。所以，每天都会有孩子哭着来找我告状！"老师，王浩羽打我！"而王浩羽却不以为然，经常一副并不在意的表情，甚至不愿意道歉。他会很平静的说是别人先怎样对待他的。语气并没有很强硬，但能听得出来，他发自内心没觉得自己做错了。

对于这个孩子，我没有对他进行批评。而是跟他一起分析问题。有时候王浩羽会对女孩子动手。在他看来，只要是别人先惹他了，自己所作出的回应就是没问题的。我把被他打的哭哭啼啼的小姑娘拉到他身边，把他的胳膊和小姑娘的胳膊放到一起。很明显，他要比这个小姑娘强壮很多。我又把自己的拳头和他的拳头做对比。我说："浩羽，你觉得咱们俩谁的力气大？""您的""那你的力气大还是咱们班女孩的力气大？""我的""好，那咱们俩演一演吧，把刚才你和咱班女孩发生的事情再重新演一遍。"他说，不要。很明显，他知道了自己这样做的不对。我耐心的劝导，你的胳膊要比其他同学更强壮，如果小拳头落在同学身上，那么你想想他疼不疼？石老师比你力气大，我想揍你就揍你，可以吗？反正我的力气大啊！他摇摇头。我问他，那你现在该去做什么呢？需要老师说吗？王浩羽很聪明，他说不用。然后去和同学道歉了。之后，至少他和女孩子之间这样的举动几乎很少发生了。

孩子是灵动的，有时候我们都低估了孩子们的能力。给孩子们讲清楚道理，事情的缘由，孩子们多半是能够理解的。

跟女孩之间的问题刚有好转，可是与男孩子之间的打闹却从未停止。记得又一次上课孩子们自由读课文。突然赵迅（坐在他旁边的一个男孩子）嚎啕大哭。说王浩羽打他了。原因王浩羽说的非常清楚，并理直气壮，非常从容。理由是他觉得赵迅声音不好听，嫌赵迅读书声音大，跟赵迅说了可是赵迅没有因此声音转小。我当时很生气！心想这孩子要造反啊？嫌弃同学声音不好听，不听他话就揍人家？这也太霸道无理了！怒火已经漫过了胸口，我努力让自己冷静下来，心想刚刚对他建立了信任，不能毁于一旦。我依然没有对他发脾气。我蹲下来，在他桌子旁，与他平视，我问他，你想一想，还能想到其他解决问题的办法吗？他闷头不说话，思考着。"用嘴说""不错，可以啊。你看，你用手打了赵迅，他听你的话了吗？同学之间是平等的，我们是兄弟姐妹，要懂得宽容和礼让，这才是一个小男子汉该做的。"他知道自己错了，但是却不愿意向赵迅道歉。我说："你可以下课时候跟赵迅道歉，但是必须要道歉。犯了错误就要用于承认，这样才是一个好孩子。"他答应了，下课后赵迅给我反馈确实道歉了。

这个小家伙时常让老师们头疼，我与他爸爸妈妈多次沟通，终于引起了家里的注意。爸爸妈妈工作非常忙碌也很辛苦，与孩子的有效沟通很少。这也酿造了浩羽不善于表达的习惯。嘴巴说不出来，便用起了拳头。没有沟通，这让这个年龄的孩子很难接受。同时也出现了很多的问题。妈妈表示换个工作或是做全职妈妈。将更多心思放在孩子身上。是啊，孩子的成长可不能等我们有空了不忙了再开始啊。现在，浩羽每天由姥姥接回家，不再去托管班了。每天晚上回家都会与妈妈聊聊天。在学校，他的进步老师和同学都是有目共睹的不仅与同学相处方面有了很大进步，在课堂纪律，听讲方面也取得了很大的进步！

这一颗小小的种子在这温暖的环境当中不知不觉的发了芽。孩子的成长，总会悄无声息的给我们带来惊喜。

第二个小故事：

雾霾天气延续了快一周，孩子们也没能外出进行课间操，各个脸上苦闷。终于今天太阳出来了！孩子们眼睛都亮了。于是决定带着孩子们去学校里的"开心农场"玩。小家伙儿们开心极了，一蹦三尺高。快速的排好队。

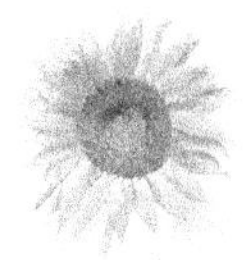

到了开心农场好就似一匹匹脱缰的小野马。尽情的享受春天吧，这才是配合着万物生长应有的景象啊！

孩子们玩着各种器械，攀岩、跷跷板、秋千……他们笑啊跳啊，不时地跑向我邀请我看他们的"表演"。一切都在欢乐而有序的进行，我拿着手机为他们拍照记录着快乐永恒的瞬间。

……

突然，我听到了哭声。

班长夏思翔捂着头做着下蹲的动作。我急忙跑过去，打开他的手发现他的额头破了一个口子。我赶忙跑到办公室先用纸巾帮他擦血。办公室也没有其他老师，在这紧急的情况下我将其余孩子带回班里由班干部负责纪律。带着他去医务室处理伤口，随之给他妈妈打电话。得知妈妈工作单位路程较远，在安排好学校的事情后我开车带着夏思翔去医院，妈妈往回赶然后与我们会和。辗转了三家医院，最终把伤口处理好了。家长非常开通，很是感激。由于事情突发，处理伤口要紧，没能了解当时的情况。夏思翔简单说了当时的情况。是玩耍时黄广宁推倒了他，撞到了台阶上。

当天晚上我与黄广宁妈妈通了电话。我问妈妈，孩子跟您说了吗？黄广宁妈妈说孩子没有说是自己的过失造成的，但是说了今天发生了重大事件。我把事情的原委跟他妈妈讲了一遍。黄广宁妈妈表示去了解下情况，给夏思翔妈妈打个电话。我嘱咐广宁妈，这时候要告诉孩子，妈妈和老师永远是你坚强的后盾，事情发生了，有什么困难我们一起解决。要对自己犯下的错误承担责任，逃避不能解决问题，要做一个男子汉！

孩子年龄还小，他一定不是故意的这么去做的，让同学受到伤害。发生了这么大的事情，他内心一定是恐惧的。我想这时候不该严厉的批评，这样只能成孩子更加恐惧。我们的目的是让孩子学会保护自己，保护同学，不去做危险的动作，并且，出现了问题要勇敢面对，不退缩。

第二天，我来到班级内，把问题了解清楚了，确实是黄广宁和夏思翔在玩耍时不小心将夏思翔推倒所造成了伤害。我把昨天事情的来龙去脉都跟孩子们讲了一遍。"辗转三家医院，才把伤口处理好。你能想象爸爸妈妈有多着急吗？危险的动作，一定不要再出现，对自己负责，对同学负责"。孩子们安静极了，我知道他们一定听到心里去了。夏思翔说："石老师，昨天黄广宁来我家看我了，还给我买了很多水果，还送了我很多的书呢！"我就此说了下去，没有对黄广宁再批评，反而在班级内表扬了他。对待发生的问题，要勇敢面对，不退缩。逃避，不能解决问题……从孩子们神情当中，我知道他们明白了。

黄广宁妈妈打来电话，说着说和便哽咽了，觉得孩子的成长真的需要我们花心思。感谢老师在这件事上给予孩子宽容和原谅，并教会他做一个小男子汉。感恩遇见。

每个孩子都是一颗小小种子，阳光乐观向上的环境让他们慢慢破土而出，长出幼苗，变得强壮。慢慢的，他们也终将脱离家长和老师的羽翼，独自面对一切。哪怕狂风暴雨，哪怕电闪雷鸣，我的宝贝们，老师希望你们都能从容而乐观的去面对一切！如同我们的班级绿植小多肉一样，具有顽强的生命力，一片掉落的叶片也可以长出一小株植物！

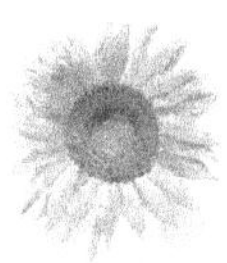

"阳光四班"班级文化

班级	一（4）	班主任	张泽凡	副班主任	杨智	时间	2015—2016

班级文化 建设目标	总目标：健康成长，快乐学习。 阶段目标：1.遵守规则，养成良好的行为习惯。 　　　　　2.尊敬师长，团结同学，懂得感恩。 　　　　　3.快乐学习，自主学习，勤于思考。
班名	阳光四班 　　我们学校是一所阳光校园，教训是"追逐阳光，快乐成长"。新生入学的那一天，我见到了我们班36个如阳光般温暖可爱的小宝贝。于是就把我们班的班名定为"阳光四班"，希望我的小宝们能够在明媚的阳光下健康快乐的茁壮成长！
班徽	班徽上的图案是手拉手围起来的太阳和彩虹。手拉手代表着我们师生团结，共同努力。太阳上的数字4象征着我们"阳光4班"。寓意是：在我们这个阳光的大家庭里，每一位老师和孩子们都在携手共进，共同创造并维护我们的阳光班级，一起沐浴七彩阳光，在多姿多彩的绚丽阳光下快乐的成长！
班植	绿萝 　　1.绿萝美丽，可供观赏。又有净化空气的作用，给我们的班级带来清新的空气。——奉献。 　　2.绿萝具有很强的生命力，被称为"生命之花"。有没有阳光都会一如既往的生长，遇水即活，对营养要求不高，——顽强。 　　3.蔓延下来的绿色枝叶郁郁葱葱，充满生命力。——活力。
班训	阳光四班，我们最棒。 守纪好学，要做榜样。

班级	一（4）	班主任	张泽凡	副班主任	杨智	时间	2015—2016
班歌	《最好的未来》						
班级公约	遵纪懂礼，勤学善思。 一、讲文明，懂礼貌，不骂人，不打架。 二、铃声响，静息好，听思答，收获多。 三、练握笔，坐姿正，写好字，作业棒。 四、两课操，认真做，集会队，快静齐。 五、休课间，守常规，会自护，炼身体。 六、爱公物，讲卫生，勤值日，齐净亮。 七、吃中餐，不浪费，会阅读，爱读书。 八、懂宽容，爱团结，好习惯，益终生。						
班主任寄语	宝贝们，你们每个人都是上天赐予我的温暖、可爱、耀眼的小太阳。我是你们的老师，更是你们的朋友和伙伴。我愿陪伴着你们一起沐浴阳光，一起分享成长的喜悦。希望你们不断前行，成为更好的自己！						

每个孩子都是善良的小天使

张泽凡

在阳光一四班这个温暖的大家庭里，作为班主任的我收获了许许多多的感动，在我的身边有36个如阳光般温暖可爱的小天使，每天都有无比暖心的故事发生。下面我就来说一说在培育班植的过程中发生的暖心小故事。

刚开学，就有很多孩子自发的带了美丽的植物来装扮我们的大家庭。看着窗台上那些郁郁葱葱的绿植在阳光下盛放着，我们每一个人的心情都无比舒畅。我告诉宝贝们自己带来的绿植要定期给它们浇水，不然那么美丽的绿植就会慢慢枯萎。

起初宝贝们并没有养成给绿植浇水的好习惯，刚刚过了一个星期，就有好几盆绿萝有几片叶子变黄了。我决定要让宝贝们重视培育绿植这件事情，养成给它们定期浇水的习惯。

在一次"绿植伴我共同成长"的主题班会上，我告诉宝贝们："绿植也是有生命的，它们的生命同样珍贵。它们为我们无私奉献着自己，帮助我们净化空气，供我们观赏。它们也是我们大家庭中的一份子，我们是不是更应该爱护它？让它在这个班集里面陪伴着我们一起在阳光下健康成长呢？"宝贝们纷纷表示赞同，并讨论了今后我们应该为这些绿植做些什么，如何培育它们。

在这以后，宝贝们培育绿植的积极性大大提高了。课间不需要我提醒，

孩子们就争先恐后的去给植物浇水，用心的把它们一盆盆的摆放好。把这些植物当做自己的小宠物一样精心的照料。我看在眼里，感动在心里。

十一长假回来，由于一周没人浇水，有好几盆绿萝蔫了，下面的叶子黄了。宝贝们看到了特别心疼，有两个小女孩甚至看着它们悄悄抹起了眼泪。孩子们说："张老师您放心吧！我们一定好好浇水把它们救活！"天真善良的宝贝，它们真的在用心爱护着这些小生命。快放寒假的时候，还没用我说，宝贝们就提醒我："老师我们要把这些绿萝抱回家去养，不然开学回来它们就会死的。"听到这些我心里慢慢的欣慰和感动。

每一个孩子都是天真的，单纯的，美好的，善良的小天使。就让这些绿植继续陪伴着我的小天使们茁壮成长，在阳光下美丽绽放！

"未来之星"班级文化

班级	二（2）	班主任	胡雪梅	副班主任	刘梦妮	时间	2015—2016
班级文化 建设目标	总目标：坚强刚毅，团结友爱。						
	阶段目标：1.感悟成长，感受温暖； 　　　　　2.学会承担责任，团结友爱； 　　　　　3.坚强刚毅、互相谦让，心中有他人，心中有集体。						
班名	**未来之星班级** 　　刚刚迈入小学校门的小豆丁们还带着那份懵懂与稚嫩，他们无所畏惧，向着自己的目标一步步地前进着，像一个个未来的明星闪耀登场，散发着迷人的芬芳。于是，我自豪地称他们为未来的新星、明星，因此取班名为"未来之星"。						
班徽	 　　我们要做未来的主人、未来的明星。四周一圈向阳花的叶子代表了我们在回龙观第二小学的关怀呵护下成长。中间的五个小孩子代表了我们二班的小豆丁们在未来之星的照耀下携手共进、共创辉煌！						
班植	**君子兰**  　　班植之所以选定"君子兰"，是因为它不仅能吸收有害物质，降低噪音，调节空气，保持室内空气清新，还可以陶冶情操，提高文化素养。它的性格酷似梅花，不怕严寒，在白雪皑皑的冬天，它依然傲然开放，它不畏严寒的品格着实令人佩服！开始孩子们对君子兰并不熟知，但通过我们共同查阅资料，观察植物图片，孩子们都喜欢上了它。不仅因为它外表美丽，更因为它的高尚品格。虽来自山野幽僻之处，却一点也不逊色；虽叶青如碧，花洁光彩，却质朴不骄。有君子之风，有幽雅之气，有圣洁之美，有美好之意。我希望孩子们也能做君子兰一样的人，有心中的善良，有体内的正气，有宽阔的境界，有坦荡的胸怀，做一名坚强刚毅的真君子。因此，我们一致推选君子兰作为我们班的班植。为此我们还开展了一次有意						

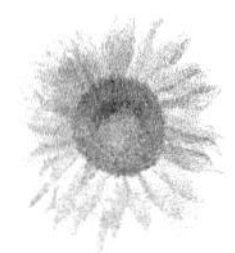

班级	二（2）	班主任	胡雪梅	副班主任	刘梦妮	时间	2015—2016
班植	义的"颂扬君子兰，争做真君子"主题班会活动。我们一起查阅资料，观察君子兰的图片，它那厚实光滑的叶片直立似剑，象征着坚强刚毅、威武不屈的高贵品格。孩子们以他们自己喜欢的方式绘制出了手抄报，并向大家介绍着我们都应该学习君子兰的哪些品格。孩子们你一言我一语讨论的非常激烈。君子兰的优秀品格太多了，但我想每位孩子的家长都希望自己的孩子可以变得更坚强、更强大。所以我们把培养孩子坚强的意志作为主要目标，希望孩子们有一个健康的体魄的同时也能拥有一个顽强的意志力。							
班训	神采飞扬，意志如钢， 威武二班，当以自强。							
班歌	《歌声与微笑》							
班级公约	态度决定一切，习惯成就未来。 　　成功教育从习惯养成开始。教育的核心不只是传授知识，而是学会做人。对于小学低段的学生来说，习惯培养极为重要。因此，我们将好习惯的养成作为低年级培养的重中之重。面对各种好习惯，孩子、家长及老师端正的态度极为关键。因此，教育不仅仅是简单的依靠学校老师的力量，更多时候，也需要家长的协同合作。老师、家长端正了态度，给孩子树立了一个明确、正能量的目标，相信孩子也肯定会向着既定的目标前进。 　　家长会上，我们共同约定：从课上的握笔、写字姿势，预习习惯、阅读习惯、思考的习惯、集中注意力的习惯、认真倾听的习惯等等，在学校我们及时监督，并形成评价，利用评比的形式奖励阳光币。回家依靠家长的监督、陪伴，坚持鼓励与批评，促进孩子与家长的共同成长。 　　家长及老师的态度决定了孩子的未来，我坚信：我们关注的孩子的细节越多，孩子的进步将会越大。孩子养成的好习惯也将陪伴着他一生的成长。所以态度决定一切，习惯成就未来！							
班主任寄语	用汗水织就实力，用毅力成就梦想，用拼搏铸就辉煌。							

豆丁成长记

胡雪梅

　　初与一年级的小豆丁们接触，发现现在的孩子真的都是温室里的花朵，个个娇滴滴的。刚开始入学时候的体育课上，才集体站了十分钟，就"倒下"三分之一，还有几个同学因为上学时间太长而想家、想爸爸妈妈的。孩子们涣散、自我，"公子小姐"脾气，个性鲜明……该怎么帮助这帮温室里的小豆丁们成长呢？

　　运动会情缘——在活动中成长

　　孩子们都太自我了，还都不能完全适应这样的集体生活。必须先要让他们感受到大家庭的温暖，感悟到自己已经是长大了的小学生了。才能让他们渐渐地为集体做贡献，团结友爱，心中有他人，心中有集体。为了培养孩子们的这些品格，正好先从我们的班级文化建设开始，首先确立一种班植，一起动手照顾呵护它的成长，并在与它的成长过程中感悟它优良的品质。我首先想到的是君子兰。于是通过开展班级文化建设的班会活动，我与大家一起查阅资料、图片等让大家了解君子兰的外形及品格，并且大家都纷纷许诺要做一个像君子兰一样坚强刚毅，君子谦谦，温和有礼的人。

　　此时正值学校春季运动会的来临。大家没有让我失望，在团结中让我看到了一位位风度翩翩、坚强刚毅的小运动员的风采。接到运动会开始报名通知后，我利用活动课的时间，带领孩子们到操场上进行选拔运动员。热身活动之后四人一组比赛，最终选拔出了参加运动会的运动员。运动会来临前的每一节活动课、体育课，他们都在练习着，丝毫没有松懈。每次到操场上练习，孩子们熟练地摆放着迎面接力用的杆儿。男生一组女生一组共同比赛。从开始的接力棒掉地，孩子们互相埋怨到最后大家互相鼓励、互相加油。在这个过程中，孩子们了解了我们是一个整体，不能因为一个人掉棒了去责怪、去埋怨组员，而是应该不断总结经验，寻找避免掉棒的好方法去解决问题。一次一次的练习，让孩子们熟悉了各自的接棒方式，接棒进行的越来越顺利了。那时是五一前夕，天气开始转热，操场上没有一棵树，孩子们在炙热的骄阳下练习着。眼看着一滴一滴的汗珠从他们渐黑的额头、脖颈滑落，我忍不住对孩子们伸出了大拇指。忽然，大亢一不小心跌倒了，我一怔，立刻跑到孩子面前，他捂着膝盖爬了起来："没事儿，就是有点儿疼！"我望着他那汗水划过的小花脸，"快让我看看"边说边把他搀到台阶上坐下，卷起他的裤腿儿，看了看他的膝盖，幸好穿着长裤，稍微摔破了点儿皮。孩子放下他的裤腿儿，跟我说："老师，没事儿！我们再来比吧！""你还是歇会儿吧！"我望着他那黝黑的小脸儿，一脸的坚强劲儿，我感受到了孩子一天天的成长。回到班级中，我把大亢训练摔倒的事情讲给大家听，大家纷纷对大亢投以赞扬的目光，并竖起了大拇指。"他就是我们班的君子兰！"没想到孩子们还记得我们班的班植呢！我从心底里暗自欣喜。放学之后，我专门给大亢爸爸发了个短信，"孩子今天练习接力时候不小心把腿摔破皮了，很坚强，没掉一滴眼泪。您回家关注下。"不一会爸爸就回复了，"我看了没事儿，在家倒是哭了"，我心里一惊，心想莫非在这太疼怕丢人没敢哭？继续往下看，"说是怕老师不让他参加了，要跑给我看，跟老师说可以继续参加。小伙子摔一下没事儿，您就让他继续参加吧……"哎，这么可爱的小

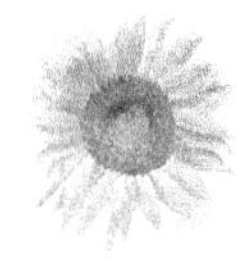

家伙，谁能不喜欢？怎么忍心把他换下去？之后大家都以大充为榜样，每天刻苦练习着自己的项目。终于到了展示成果的时刻，孩子们轻装上阵，果不其然，在运动会当天，男女两组接力均取得了第一第四的好成绩，我们班参与的所有项目，无一不拿到名次，均将荣誉收入囊中。最终以团体总分第一名的好成绩夺得年级组冠军！成功的喜悦充盈着孩子们的心灵。

我趁热打铁，随即召开讨论会，说说我们取胜的原因。"是坚强""是团结"，"是拼搏"，孩子们总结的很全面。"我希望可以看到你们每一个人都能变得更坚强！"我的总结简短而精炼，相信孩子们都已经领悟到了。

击剑情结——在生活中成长

在平时的生活学习中，我也感受到了他们的变化。惠惠是个身体素质很差的孩子，经常生病。小时候因血小板低在重症监护室抢救了一周，这个在温室玻璃中长大的孩子一直是我的重点保护对象，吃了很多含有激素的药物致使她身体略显笨重。不大美观的外形给孩子带来了心理上的压力——不自信并且胆子小，心理承受能力弱。"她总觉得自己不够漂亮，怕老师们不喜欢她。"妈妈有次跟我聊天谈起来。妈妈说，专门给她报了击剑队，不为别的，就是希望她身体健健康康的。虽然身体状况不是很好，但是孩子集体荣誉感很强。我将"护花使者"的光荣称号赋予她。她高兴的跳了起来，"我一定会照顾好这些君子兰的，争取早日让它们开花！"她不知道这些稚嫩的君子兰小苗开花有多难，但我仍旧信任地点了点头，给了她一个大拇指手势。我经常鼓励她："惠惠，击剑比赛要加油啊！你要变得更强大才行！"就在去年6月的击剑比赛中，团体赛时，他们组少了一个人，面对缺少队员，并对阵强敌，孩子依然顽强拼搏，克服了心理上的压力。退出个人赛和团体赛的时候，她并没有像上次退赛似的嚎啕大哭，反而总结失败经验，说下次注意。这些对于孩子来说都是进步啊！都是坚强的意志力推动的进步啊！我想到了在她悉心照顾下的君子兰，一定是叶片厚实，散发着迷人的魅力，得以支持她在生活中取得了如此大的进步。妈妈也很高兴的告诉我说她击剑已经升中级了。

伴随着班植君子兰的生长，我们班的小豆丁们也已经渐渐褪去稚嫩，消除自我，成长为了一名名优秀的小学生了，不再因为想家、想父母而哭泣，不再因为同学碰掉东西而争吵……他们在集体生活中成长，变得更加强大。遇到困难，他们团结友爱、互相帮助，攻克难关；体育课摔倒了，他们坚强刚毅、自己爬起来再战；遇到重叠，他们互相谦让，心中有他人，心中有集体。看着他们的成长我由衷地感到欣慰。

　　"身居旷野暗香埋，蝶舞花娇伴青苔，逝水千年君子客，幽香自赏自释怀。"飘香的君子兰，美丽的君子兰，香味浓浓渗心脾，花开引人乐无极。我们在活动中陶冶情操，领悟精神，培养孩子们的良好品格。我相信班级文化一定能在学校教育中有效地发挥它的作用，真正做到"随风潜入夜，润物细无声"。希望我的孩子们都能像君子兰一样，风度翩翩，君子谦谦，温和有礼，坚强刚毅，威武不屈！

"苹果生态园"班级文化

班级	二（3）	班主任	栾英梅	副班主任	聂可欣	时间	2015—2016

班级文化建设目标	总目标：认认真真之做人，持之以恒之做事。 阶段目标：1.培养孩子热爱生活、积极进取、坚韧善良。 　　　　　2.勇于追求幸福和理想。 　　　　　3.与同学团结友爱、互帮互助。
班名	**苹果生态园** 　　孩子天真纯洁，善良可爱，快乐的像一个个粉嫩的小苹果。孩子们第一次过学校生活，吃饭时带的水果就是苹果。他们会把苹果分一半给我吃，作为他们的班主任，我的心都被融化了，可爱、善良的孩子们，就让我们一起来建设自己的快乐苹果乐园吧！
班徽	两个可爱、快乐的小苹果手拉手，一个是红苹果代表我们班的女孩子们，一个是青苹果代表我们班的男孩子们。这两个小苹果脸上洋溢着快乐、纯洁、善良的笑容，就像我的36个可爱的小豆包们！
班植	**绿萝** 　　1.坚韧善良。　绿萝是一种生命力极其顽强的草本植物，有水即能生长，又被称为"生命之花"，蔓延下来的绿色枝叶，非常容易满足，就连喝水也觉得是幸福的。坚韧善良的绿萝花要求的很少，回报给大家的却很多。 　　2.守望幸福。绿萝不易开花，绿萝花属西藏特有珍贵植物，产于西藏寒冷地带，喜马拉雅山脉。家庭养的绿萝是从来都不会开花的，有人说，绿萝最大的梦想就是能够开出美丽的花朵。它们为着这个梦想而不断努力，期待着幸福的到来。 　　绿萝梦想开出美丽的花朵，为着这个梦想而不断努力，就好像人无论遇到什么挫折，都不会放弃自己的理想。
班训	团结互助，自强不息。 二三二三，勇往直前。
班歌	《明天会更好》
班级公约	**坚韧善良　追求理想** 　　1.坚韧善良。人之初，性本善。孩子们的本性是纯洁的、善良的，要学会表达自己的善良之意。孩子们拥有了良好健康情绪，就会很自然地拥有善良和爱心。善良就像阳光，它让每个人都能感受到温暖和关爱。通过教育教学，希望那些与人为善的孩子不仅能认同与喜爱自己，他们同时还会为自己创造积极向上的心理情绪，去发现和喜爱自己周围的人并与之友善地相处，更加自如快乐地生活和成长。 　　2. 勇于追求理想 　　理想是风，吹动生命的船。理想是雨，滋润生命的花。每个人都应该有自己的

班级	二（3）	班主任	栾英梅	副班主任	聂可欣	时间	2015—2016
班级公约	理想，并能够为之积极进取，这样他的生活才有意义，他走的路才会更长远。当孩子们有了理想，就会把学习当成享受，因为那是理想的阶梯，是成功的必由之路。希望孩子们能善于思考，勇于追求理想。						
班主任寄语	你们是一只只快乐的小鸟，要在这里起飞； 你们是一只只幸福的小船，要在这里扬帆。						

播种善良，传递温暖

栾英梅

　　孩子们是纯洁、善良的，他们认同与喜爱自己，他们愿意和周围的人友善地相处，希望自己能够快乐地生活和成长。善良就像阳光，它让每个人都能感受到温暖和关爱。教师的教育教学就要像阳光一样普照到孩子们身上，给予他们关爱和进取的力量。教师的责任不仅在于教授学生知识，更在于引导他们学会生活，学会善待自己和身边的人，学会表达自己的善良之心。

　　播种爱的种子，期待善良之花盛开

　　孩子们入学不到两年，在我眼里都还是一个个萌动的小豆包。在家里更是爸爸妈妈的小宝贝。在家长的无私关爱之下长大的小公主和小王子们，要想完全适应集体生活还需要不断地相互磨合。班级中时常会出现因为一句玩笑话而吵得面红耳赤，因为共同喜欢一件奖品而吵架不做朋友的现象，真是"小报告"不断。

　　春回大地，万物复苏，正是播种的好季节。于是我灵机一动，想到我们的班植刚好定为绿萝，何不趁此机会，带着孩子们一边种植绿萝，一边了解绿萝的品质与精神，借此对孩子们进行友善教育呢。于是周一的班会时间，孩子们带来了自己制作的漂亮的花盆，个个兴奋不已。看到他们的热情积极，我趁机先让孩子们说说绿萝的花语，孩子们异口同声地说出"坚韧善良"。通过对孩子们的讲解，他们懂得了绿萝只要有水、有土就能生长，种植条件极其简单，但是却能无私地帮助人们净化室内空气。通过学习，孩子明白了绿萝这种无私奉献的品质，体会到了绿萝的坚韧与善良。

　　孩子们开始种植绿萝。我从一棵大绿萝上减下来一些茎叶，送给孩子们作为幼苗。他们挖土、栽种、浇水，个个小心翼翼。看着孩子们一脸幸福的样子，我问："孩子们，你们从绿萝的特点和花语中体会到什么了？"这时舟舟同学高高举起了手："我从绿萝身上体会到了无私奉献和善良，我要向

它学习，以后再也不与我的同桌抢东西了。"

文文起立站直认真地说："以后我再也不跟其他同学打架了。"

龙龙接着说："我也是，我还要主动帮助需要帮助的同学。"

我微笑着为他们竖起来大拇指："你们真棒，你们都是善良、可爱的孩子。"

这时萌萌同学的绿萝不小心被折断了，她的同桌卓卓高声地说："萌萌同学，我这棵绿萝长得茂盛，先给你栽吧。"

听到孩子们的对话，我感受到了孩子们的变化。通过这次种植绿萝活动，他们收获了友谊，懂得了相互谦让、相互帮助，学会了表达自己的友善和爱。人之初，性本善。孩子们的本性是纯洁的、善良的。孩子们需要学习和体验这种善良和爱，才会学会表达自己的善良之意。作为一名教师，我们更应该为这些可爱的孩子们提供这种体会，在他们阳光的心里播撒下善良的种子，使其享受到爱的沐浴，静待善良之花盛开。

用爱唤起孩子心中的爱

北北，男，瘦瘦的身材。平时在楼道见到老师挺爱说话，课堂上却不喜欢发言，在学生齐读时，他只是默默地坐着，课间操也不做，只是静静地站着，总是喜欢盯着一个地方看，愣愣的。

通过和她母亲的交谈了解到，这孩子小时候挺活泼的，也喜欢玩耍疯闹，但是有一次在幼儿园受到了惊吓，对老师有一种惧怕。从此对家长的依赖性就变得更强。我明白了孩子由于从小性格内向、敏感、自尊心强，如果家长和老师不闻不问，或批评责骂他，不仅不会消除这种不健康的心理，反而会增强这种心理。长此下去，心理的闭锁就逾强，最终将导致对任何人都以冷漠的眼光看待，更加孤立自己。孩子一旦对自己的某方面的能力丧失自信，还可能会跟着连带对自己的其他方面的能力也丧失自信，最后造成多方面甚至全面地落伍。

尊重他，帮助他消除自卑心理，树立自信。有人说孩子就是一本书，要想教育好孩子首先就要读懂这本书。孩子们的自我保护意识强烈，有些甚至到了过于敏感的程度。在学校，他们对老师和同学对自己的态度很敏感，只要稍稍挫伤了他们的自尊心，他们就会变得自我封闭。北北就是一个非常典型的例子。经过多次与其父母交谈，与孩子谈心，我了解到其症结就在于自卑、自尊心强。要纠正他的这种不良行为，一定要注意方式方法，做到保护好他的自尊心，帮助他消除自卑心理，树立起自信。于是我在日常的教学中以及跟北北的交流中注意多给他一些表达自己的机会，鼓励他与其他同学进行交流和活动，使其体会到校园生活中的爱，从而增强进行学校学习的自信心和勇气。比如，通过种植班植绿萝，深入了解绿萝的坚韧善良之意，通过班级文化熏陶，体会善良本意。告诉他，老师和同学都很爱他。老师就是他的好朋友，遇到不开心的事就和老师说，老师会帮你的。同时，鼓励班级中的孩子们团结有爱，关爱同学，多给与北北关心和帮助。在孩子们的学习过程中注意多表扬，多鼓励。在教育过程中我注意对他的进步即便是点滴进步也予以及时、热情的表扬。想方设法创造条件，让他体验到成功的快乐，使他对学习、对生活、对自身逐渐积累信心。

学生需要爱，教育呼唤爱。作为班主任，一定要全身心爱学生，关心、尊重、理解和信任学生。用自己的爱去唤起学生的爱，用自己的心灵培养学生的心灵。

"可花" 班级文化

班级	二（5）	班主任	王梓薇	副班主任	周玲	时间	2015—2016

班级文化建设目标	总目标：先成人，后成才。 阶段目标：1.培养学生良好的学习习惯，端正学习态度。 　　　　　2.良好的习惯常态化，能自觉完成课前准备。 　　　　　3.培养学生养成维护班级卫生的习惯，注意个人卫生。
班名	可花班级 像花儿一样绽放的可爱的孩子们。
班徽	希望孩子们能像太阳花一样，迎着阳光茁壮成长。当遇到困难时不慌张，像太阳花一样不畏惧困难永远面对着阳光，勇敢、努力的想着前方，跨过困难，走向成功。
班植	绿萝 　　1.绿萝的花语为"坚韧善良，守望幸福"，希望我们的孩子能够从绿萝的身上学到坚韧的品格和它顽强的生命力。 　　2.希望我们能在一起守望彼此的幸福，让我们的生活中充满爱与关怀。
班训	二五二五，团结如山， 勇往直前，非同一般。
班歌	《团结就是力量》
班级公约	见了老师有礼貌， 课前准备不能少， 专心听讲勤动脑， 作业工整按时交， 教室卫生勤打扫， 积极锻炼身体好， 自强进取想鼓舞。
班主任寄语	如果你们是鲜花和小草，我愿是阳光和雨露，默默地温暖和滋润你们的心田，让你们成为最美丽的鲜花和最青翠的小草！

用爱守护

王梓薇

　　"爱是教育的前提，没有爱就没有教育。"作为教师，只有热爱学生，特别是尊重、爱护、信任学生，使学生真正感到来自教师的温暖和 呵护，教育才富有实效。那些在学习、思想、行为等方面存在一定偏差的学生，他们往往被忽视、被冷落，学生看起来不惹人疼爱的时候，恰恰是学生最需要爱的时候；错过学生的一个教育机会， 没准就错过学生的一辈子。

　　在我们班里，有一个好动的学生，他叫东东，他人长得瘦小，好动爱讲话， 还特别爱随地扔垃圾。人很聪明，但是上课的时候总管不住自己的手。不是弄同桌，就是自己玩，有时一个笔头就能玩大半节课。

　　跟他坐在一起的同学换了又换，有的受到他的感染，也都开始不同程度地违反课堂纪律、影响任课老师的课堂教学秩序。对于东东，任课老师的反应最为强烈，他的行为不仅影响违反了课堂纪律，而且严重影响了教学进度和任课老师的教学积极性。他对任课老师的批 评教育非但不能谦虚接受，而且还处处找借口，刁难老师。任课老师经常向我反映他的不是，也许因为我是班主任的缘故，在我的课堂上他还算能够"识相"。

　　有一次下课，我把他叫到我旁边来问他："这节语文课你给自己打几分？""30分。"他低着头，无力地说。"为什么只有30分？我觉得你今天上课玩笔的次数减少了，而且在写生字的时候还特别的认真，关键笔也找的很准确，应该可以得60分呢！"刚说到这，只见他两眼发光，兴奋地说："真的吗！"我说："当然了，你今天进步了这么多，非常了不起！"他不好意思的笑了笑，找了个借口"逃离"了。当天中午，我发现做完值日的东东非常认真的在看书，抓住这个机会，我让其他做完值日没事做的孩子向他学习，大家都夸东东读书认真。

　　从那天开始，我发现东东和以前不太一样了。他每天都认真地做作业，还时常让我看他写的字是不是进步了、有没有写的既工整又漂亮。每当这时，我总会找出写的最好的字，他生字本上的星星也变得越来越多了，书写也变得越来越工整、漂亮了。

　　记得有一次班里大扫除，他非常的积极，抢着拿扫把扫地，不仅用抹

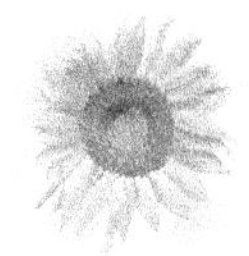

布把自己座位的周围打扫干净还把周围同学那里擦干净，接着又去帮没完成的同学打扫。看到这些，我立刻在全班同学面前表扬了他，要同学们向他学习，看他多会劳动啊！ 打那以后，东东扔的垃圾少了，有时还看见他自觉地捡地上的垃圾。课间也很少和同学追打了，并能与同学和睦相处。后来，在同学们的推选下他成为了我们班的纪律委员，看到同学和老师这么信任自己，东东做事、学习的劲头更大了，成绩进步神速。

我们要给孩子多一点的关注，让他们的闪光点发光，使他感到老师时刻在关注他。不要吝惜我们的赞扬之词，有问题及时处理，有了进步更要及时表扬。孩子们希望得到老师的认可，更渴望得到表扬，这会激发学生强大的学习动力，增强信心。"爱是教育的前提，没有爱就没有教育。"作为教师，只有热爱学生，特别是尊重、爱护、信任学生，使学生真正感到来自教师的温暖和呵护，教育才富有实效。

"七色花"班级文化

班级	二（6）	班主任	姚旭	副班主任	王励	时间	2015—2016

班级文化 建设目标	总目标：做最努力的自己，以追求进步为中心，努力养成良好习惯。 阶段目标： 学会生活：我要自立自强自信、勤俭节约、珍惜时间、珍爱生命。 学会做人：我要在道德上做个好人，学习上做个能人。 学会处世：我要知书达礼、和而不同；我要学会处理与老师、同学、父母的关系；我要尊敬师长、尊重同学、孝敬父母、以礼待人、态度端正。
班名	七色花班级 　　我们是学校唯一的六班，所以我们独特，就像七色花一样，没有哪一朵花的颜色能和它媲美，而且每片花瓣都代表着不同的品质，希望宝贝们能拥有良好的品质，并且获得真正的快乐。
班徽	七色花是由七种不同颜色的花瓣组合而成，就像我们的班级一样，每位宝贝就是一片花瓣，他们有自己的颜色，有自己的特点。我们的班级就是由这些不同性格特点的宝贝组成。同时，七色花又与学校的七色阳光评价体系相呼应。
班植	碧玉 　　1.正名为豆瓣绿，别名豆瓣菜、豆瓣如意等。既可做盆栽观赏，也能水培，亦有药用价值——良好的适应能力。 　　2.忌直射阳光，喜湿润，喜温暖，生长适温25℃左右，越冬温度不应低于10℃，不耐高温。——旺盛的生命力。 　　3.《文选·袁宏<三国名臣序赞>》："名节殊途，雅致同趣。" 宋·陈亮《何茂宏墓志铭》："暇则从容园池，以小诗自娱，皆清切有雅致。" 明·张居正《答奉常刘小鲁书》："公雅致，仆所深谅。"——有高雅的志趣。 　　4.茅盾《锻炼》二四："院子里那几棵松柏，葡萄棚，玲珑雅致，很有点什么风味"——有创新意识不落俗套。
班训	六班六班，非同一般， 强身健体，奋勇争先。
班歌	《我的未来不是梦》
班级 公约	新　心　欣　辛 　　新：新的一天从早晨开始——校园里，我尊敬老师，见面问好，做一个礼貌的人。 　　心：用心去做每件事——教室里，我轻声漫步，小声交流，做一个文明的人；上课前，我按时到班，绝不迟到，做一个守时的人；课堂上，我专心听讲，积极回答，做一个爱学习的人。

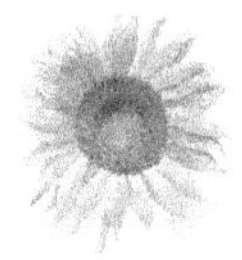

班级	二（6）	班主任	姚旭	副班主任	王励	时间	2015—2016
班级公约	欣：用欣悦乐观的态度去面对每一次挫折——思想上，我笑对挫折，永不言败，做一个坚强的人；人生中，我积极进取，永不退缩，做一个努力的人。 辛：你的辛苦总会给你一份意想不到的惊喜——学习中，我认真写作业，绝不作弊，做一个诚实的人；生活中，我勤俭节约，珍惜拥有，做一个高尚的人。						
班主任寄语	你们就像一颗颗蕴藏着生命活力的种子，我珍惜每一颗种子，并愿意拉着你们的手，一起在成长的路上高歌前行。						

自信与光荣

姚旭

案例描述：

作为新任教师又是一年级班主任，我曾经对如何奖励学生很苦恼，虽然学校已经有了非常完善的七彩阳光评价奖励制度，也有班级的小组评价制度，但还是希望能设置一种有特色的奖励制度。这种方法是我在微信上一篇名为"奖励也要有点儿心意"中看到的。读完这篇文章后，我也在反思自己以往的奖励，除了奖励阳光币，就是口头表扬，再不然就是放学时和家长当面表扬，奖励枯燥而且乏味。特别是当学校开展一班一品班级文化建设的活动后，我将班级的"一品"设定为自信。

特权制度——奖励也要有点儿心意

结合学校的七彩阳光评价体系，经过和同学们商议，我们把特色奖励制度的奖励内容定为：一是奖励一张一元阳光币；二是当天放学时走在班级队伍的最前面举着班级的牌子到放学地点，要知道让一名一年级的学生从学校大门开始举着班牌，一路走到班级放学地点，有上百名等待接孩子的家长在注视着他，获得特权的学生该是多么骄傲和自豪。有些获得特权的学生刚开始还有些不敢举牌，或是把班牌举得特别低，但是经过两三次以后，他会发现受到家长的瞩目，同学的羡慕，父母的表扬，慢慢变得昂首挺胸，充满自信的举着班牌。

还有第二天的奖励：一是午餐时到老师的位置吃饭，并且要负责管理当天午餐时的纪律；二是在班级放一首自己喜欢的歌曲，如果其他同学可以跟随着音乐大声的唱出来，就会额外奖励一张小贴画；三是午休时讲自己的故事书或是自己准备的小故事；四是把特权转让。

抛弃以往枯燥的、平淡的奖励，制定出一套孩子们感兴趣、有新意的奖励制度可以让班级文化建设事半功倍。

特色奖励，让班级建设不再迷茫

本学期的特权奖励新增了一条：代表班级在升旗仪式上领取流动红旗。在一次升旗仪式中，我们班获得流动红旗，白白上周刚好获得代表班级领流动红旗的特权。升旗仪式结束后，她告诉我："老师，我的心跳的特别快。"我听了微微一笑也就没在意。没想到晚上白白妈妈给我发来了她当天的日记，内容是：【今天是我第一次上台拿流动红旗，我在台上的时候，我的心砰砰乱跳，不知道该怎么做，看到前面拿流动红旗的人都敬了一个队礼，所以我也敬了一个队礼。站在高高的主席台上看着下面密密麻麻的老师和同学，就像一朵向日葵上黑色的瓜子，乱中有序，我从未这样拿到过流动红旗，感到一种莫名的骄傲涌上身。我们班共同努力争取得到更多流动红旗！】白白妈妈感谢了我对于孩子的奖励，说孩子最近积极性特别高，还定下目标要争当我班的第一个女体委，为女生争光。

在一周后的班干部选举中，白白顺利地获选我班的第一位女体育委员，上任后，我惊叹于她喊队时响亮的嗓音，我感叹于她挺拔的身姿。我想让特权制度一直存在我的班级文化建设中，让孩子们获得更多！

案例反思：

现在每天放学前的推选特权学生，已经成为了我班学生最期待的事情。经过快一学年的特权奖励制度，班里的学生不仅懂得从别人身上学到优点，学会助人为乐，学会与别人分享，学会照顾同学，如何养绿植等等，更重要的是有了最优秀的品质——自信，每位同学的身上都散发着自信的光芒。特别是通过几次学校举办的集体比赛和活动中，班集体每一名学生都能够充满自信的积极参加，并且取得不错的成绩。同时，我也意识到，关于特权的奖励办法要与时俱进，对于特权的内容也要时刻秉承着去糟粕留精华，这样才能让孩子们在班级文化建设中多受益，齐进步！

"小蚂蚁"班级文化

班级	三（1）	班主任	李春红	副班主任	尹爽	时间	2015—2016

班级文化建设目标	总目标：关心同学，热爱集体。 阶段目标：1.同学之间互助互爱，学会关心同学； 　　　　　2.遵守班级约定，遵守学校规定，雅行自信，有集体观念； 　　　　　3.主动为班级做事，积极参加班集体的活动，为集体争光。
班名	**小蚂蚁班级** 　　小蚂蚁生的渺小，但是它们具有团结、勇敢、勤劳的精神。我们班的孩子正是缺少这种精神，所以我想通过小蚂蚁的精神来教育感染孩子们，让孩子们学习这种精神，并逐步做到团结友爱、关心集体、努力学习，让孩子们健康快乐地成长。
班徽	班徽是一只卡通的小蚂蚁，活泼可爱，小蚂蚁竖起的大拇指表示最棒的意思，代表着我们每一个成员都是三一班最棒的。
班植	**竹节海棠花** 　　1.竹节海棠夏秋开花，花期很长，美化环境。它是多年生小灌木，茎直立，希望孩子们要正直，堂堂正正做人。 　　2.竹节海棠茎节肥厚，呈明显的竹节状，希望孩子们的学习也是节节高。它的茎脆易折，宁折不弯，告诉我们不要向困难低头，要勇敢自信。 　　3.竹节海棠花小，鲜红色或粉红色，极为绚丽，成簇下垂，代表着孩子们要团结友爱，我们的班集体才会绚丽多彩。
班训	文明守纪，合作进取，快乐学习，健康成长
班歌	《左手右手》
班级公约	上下楼梯靠右行，人多切记莫拥挤； 同学之间忌打闹，安全时刻放第一； 个人卫生需讲究，保护环境勿忘记； 人人关心班集体，公共物品我珍惜； 课堂发言我积极，做作业时心仔细； 各项活动都参与，增强素质炼身体； 班级公约心牢记，做个好孩子人欢喜。

班级	三（1）	班主任	李春红	副班主任	尹爽	时间	2015—2016
班主任 寄语	老师希望着你们在这里健康成长，快乐学习。校园里，言行举止要更加文明规范；课堂上，精神要更加饱满专注；课下，应该更加团结友爱，尊敬老师，质疑问难；作业不拖拉，行为不懒散！学会感恩，争做阳光少年。 老师祝愿并且相信每一位同学都能用自己的实际行动，书写自己的满意答卷！同学们，让我们扬起理想的风帆，在绚丽多彩的童年生活中，描绘最美的图画共同谱写三年级一班辉煌的乐章。						

谁知盘中餐，粒粒皆辛苦

李春红

　　黄瓜种子已经播种了10多天了，可不知怎的，任凭我们怎么呼唤、期盼、等待，种子就是不发芽，我们翻开土，发现种子还完好无损，一点变化也没有，第一次播种以失败告终。我们急忙寻找原因，请校外辅导员来帮忙，原来我们种的土地在一个斜坡上，浇过水之后，水立刻就流了出来，上面的土湿了，可是下面的土壤仍然是干的，于是我们把土地的四周围起了一道小城墙，这样水就不会跑掉了，完全浸润到土壤里。我们又重新种上了黄瓜种子，几天过去了，种子果然发芽了，嫩绿的幼芽破土而出，我们欢呼起来，我们经常给它们浇水，在我们的精心照料下，绿油油的幼苗茁壮成长。

　　眼看到了六月份，太阳火辣辣的炙烤着大地，一到下午黄瓜的叶子都被晒蔫了，一个个都耷拉着脑袋，我们每个孩子一个水瓶，从楼里提水给黄瓜浇水，水刚倒下去，就立刻消失了，孩子们来来往往，脸通红，衣服湿了，手也勒红了，终于浇完了，我对孩子们说："我们只浇了这么一小块地的水，就累的汗流浃背了，可是农民伯伯种地比我们辛苦多了。""啊！真的是。"孩子们异口同声地说，"我们以后可不能浪费粮食了。"一个女孩子说。我说："说的非常好，谁知盘中餐，粒粒皆辛苦，以后我们一定不要浪费粮食了，每次吃饭吃多少打多少。"孩子们点点头，我想此时他们才真正懂得了《锄禾》这首诗的真正含义。

　　从那以后，孩子们浪费粮食的现象没有了，我们的活动还在继续，我们都期盼着黄瓜能够早日结出果实。

　　种黄瓜这个劳动实践活动，培养了孩子的责任心，调动了他们的劳动积极性，让孩子们在学习之余，从事简单的劳动管理，既可以培养孩子的劳动热情，又可以培养孩子的责任心，这对学生的身体和心理健康成长是非常有

帮助的。另外这样的活动可以为学生获取课本上没有的知识，有助于孩子懂得粮食来之不易，培养孩子爱惜粮食，杜绝浪费的习惯。

种瓜得瓜

在孩子们的精心照料下，茂密的黄瓜秧上结出了一条条嫩绿的小黄瓜，刚刚长出来的黄瓜弯弯的只有一二厘米长，上面长了很多鲜嫩的小刺，每一条小黄瓜末端顶着一个黄色的小花。孩子们每天都要去看一看，数一数，看看黄瓜是不是又长大了一点，数数是不是又长出了新的黄瓜，孩子歪着脑袋，目不转睛的搜索，无论谁有了新发现，他们都像发现了新大陆一样蹦跳着立刻聚拢来，手指着小黄瓜不停地说："这又长了一条，这又长了一条。"那高兴的样子无以言表，他们欢呼雀跃，有的两个同学还不时的来个拥抱。

黄瓜长大了，我们一起把它们摘下来，我告诉孩子们："摘黄瓜时要两只手摘，一只手握住黄瓜，一只手拿住瓜秧，这样稍用力，黄瓜就轻而易举的摘下来了。"我给他们做示范，然后让他们亲在采摘，孩子们小心翼翼，生怕黄瓜受伤了似的，把黄瓜摘下来拿在手里，孩子们不停地跳跃，不停的呐喊，我知道，因为这是孩子们自己劳动的成果，他们显得尤为兴奋。

该品尝黄瓜了，我们回到教室，把黄瓜洗干净分成一小段一小段的放在盘子里，孩子们谁也不抢，有秩序的一个一个来拿，回到座位上慢慢品尝，一个孩子说："老师这是我吃到的最好吃的黄瓜，好甜。"每一口孩子们都慢慢的咀嚼品味，好像每一口都有不同的味道，因为这些果实里饱含了他们多少汗水与期待，他们经历了播种与收获，沮丧与兴奋，失败与成功。

俗话说"种瓜得光，种豆得豆。"此时的我们才真正懂得了这其中的含义。我对孩子们说："其实学习也是如此，有播种才有收获，而这里的播种，不是播种黄瓜种子，而是勤奋的学习，这样你就会收获进步，收获成功，收获快乐。"孩子们点点头，我知道孩子们懂了。

学生们通过课余时间种植蔬菜，品尝到自己的劳动成果，不仅感动、骄傲和自豪，也一定会更加珍惜和节约，而这样的仅靠空洞的说教，是很难收到实际效果的。

"小水手"班级文化

班级	三（2）	班主任	李晴	副班主任	程京娜	时间	2015—2016

班级文化建设目标	总目标：做坚定、自信的阳光学子。 阶段目标：1.强化遵规意识； 　　　　　2.学会承担责任； 　　　　　3.懂得回馈感恩。
班名	**小水手班级** 　　"授人以鱼不如授人以渔"的教学理念贯穿在带领本班学生两年多的教育、教学中，加之本班的39名小学生都像勇敢的小水手一样乘风破浪，遨游在知识的海洋中，克服困难，慢慢懂得用嘴角微笑，学会用耳朵聆听，知道用小手帮忙，体会用心灵理解。因此我们共同商议班名为小水手班级。
班徽	浅蓝色的背景代表着知识的海洋，小水手脸上坚定、自信的表情告诉我们在遇到困难的时候，只有努力拼搏，才能造就令人佩服的水手。只有不畏险峻，只有果敢面对，才会造就不惧风浪的勇士。班里的39名成员都向班徽中的小水手一样勇敢、自信、坚定。
班植	**绿萝** 　　1. 绿萝是非常优良的室内装饰植物，攀藤观叶花卉。萝茎细软，叶片娇秀。极富生机，给居室平添融融情趣。——美化（自信）； 　　2. 绿萝花因其顽强的生命力，它需要的很少，只要有水它就会生长，又被称为"生命之花"。——遇水即活（坚定）； 　　3. 茎间有节，节上长有气根，可随物体攀缘伸长，叶片呈心形，能大能小，往往长得越高，叶片就越大。——向上（阳光）；
班训	三年二班，非同一般。 看我二班，勇攀高山。
班歌	《小螺号》

班级	三（2）	班主任	李晴	副班主任	程京娜	时间	2015—2016

班级公约

书声琅琅　文明整洁　团结合作

书声琅琅：即用琅琅的书声迎接一日的开始。孩子们从一年级开始就在践行我校倡导的"随到随读"。小学阶段是习惯养成的重要阶段，每天早晨孩子们走进班级入座即开始读书，不仅培养了孩子努力为自己、为他人创造一个良好的学习氛围的习惯；同时强化遵守规则的意识和习惯；而且孩子们还用琅琅的书声告诉大家：我们用坚定的信念来迎接新知识、新挑战。

文明整洁：即进入校园，见到老师客人主动热情问好；回家后，孝敬长辈，主动承担力所能及的家务。校园整洁，需要我们能主动捡起校园中无意被遗忘的垃圾；教室整洁，卫生一日三检查，卫生委员、卫生小组长每天认真负责地检查每一位同学，孩子们不仅仅能打扫卫生，更能很好的保持卫生；个人整洁，不仅要做到勤洗澡、勤换衣物、勤剪指甲，还要留心我们的红领巾、小黄帽、学习用具的卫生情况，更要注意内心世界的纯净，保有一颗天真、向上、阳光的童心，展我回龙观第二小学阳光学子的精神风貌。

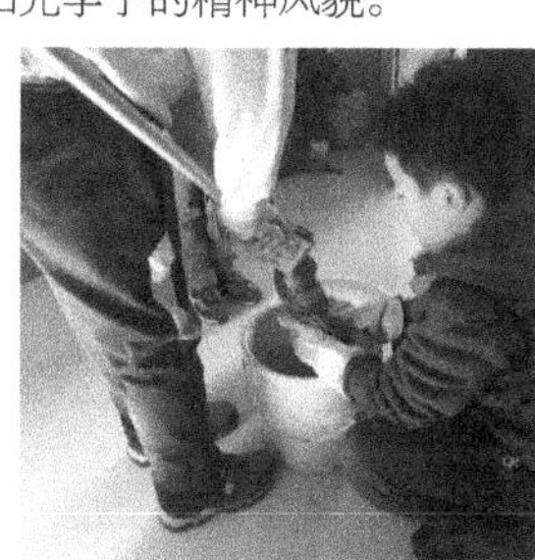

团结合作：即培养学生的向心力、凝聚力。大局意识，时刻提醒孩子们是集体中不可缺少的一份子，培养学生的集体荣誉感；协作精神，人是具有群属性的，不可能孤立地生活在社会上，作为集体中的一个成员，要有与别人沟通、交流的能力；服务精神，在集体的关怀下成长，博采众长，让自己变得更强大，从而回馈集体，团结友爱，有主动服务他人的意识。

班级	三（2）	班主任	李晴	副班主任	程京娜	时间	2015—2016
班主任 寄语	孩子们，让我们以"朗朗书声"为基，让我们以"团结合作"为耀，让我们的班级更"文明整洁"，因为她是载着我们起步远航的船，在她的帮助下你们都将成为坚定、自信的阳光学子。						

一盆绿萝牵起你我的双手

李晴

　　每逢寒暑假，班级里的绿植就会寄养在孩子们的家中。因为教室里空间有限，绿植数量也有限，不能人手一盆。于是，我们每逢学期末的时候都要竞选出假期中的养花人。这个学期也不例外。按照惯例，假期在京的孩子可以提出领养申请，并阐述申请理由，最后由同学们举手表决。申请同学按照票数排序，由高到低有序地领养班级绿植。

　　这不，班会课上孩子们你一言我一语地争当养花人呢！一切都和往常一样有序地进行着，直到一个声音的出现使得同学们异口同声地反对。声音的所有者是小郝，出了名的"多动"和"无礼"。课上总是玩东西，随意说话，偶尔还和老师顶嘴；课下就成了麻烦的制造者，和同学们发生小冲突，经常大喊大叫的很影响同学们的课余生活；小郝还很不讲卫生，桌子上下都是垃圾，有时候会故意把自己的垃圾放到别人桌洞里，同学们都不喜欢他。所以当他提出想要领养班级绿植的时候大家都高呼不同意，然后七嘴八舌地说着小郝同学课堂内外的种种表现。

　　此时的小郝紧皱着眉头企盼地看着大家。我想他此时的心情一定很复杂。我走到他跟前轻声地说："听了同学们的话你一定感触很深，老师知道你是个知错能改的孩子，现在不要为昨天而紧皱眉头，想想你以后要怎么做，一会儿说给同学们听一听，好吗？"小郝红着脸坐下了。

　　我走到了讲台前指着窗台上的绿植问："还记得咱们班班花的花语吗？""坚定、善良！""是呀！绿萝花因其顽强的生命力，又被称为生命之花。遇水即活，蔓延下来的绿色枝叶，也非常容易满足，就连喝水也觉得是幸福的。孩子们，如果我们能学到绿萝那样善良，学着宽容，那么咱们班就会充满爱，将成为一个更温馨和谐的大家庭、一个生机盎然的乐园。你们现在想听听小郝的心声吗？"小郝诚恳地告诉大家他会慢慢改正，也保证一定会在假期里照顾好班级绿植。

　　新学期开学第一天，小郝抱着班级绿植昂着头走进了教室里，因为他养的那盆绿萝又长出了新枝条，绿油油的，最茂盛。同学们也对小郝刮目相看。其实，小郝带来的不仅仅是一盆茂盛的绿植，还有向上的态度以及被同学们接受的喜悦。

　　本案中小郝是顽皮的孩子，他更接近自然，本性更纯真，如果一味压制，适得其反。苏霍姆林斯基认为："没有也不可能有抽象的学生，每个孩子都是一个世界——完全特殊的，独一无二的世界。"尊重学生，不仅意味着要尊重其权利和意愿，还要尊重其身心发展规律，尊重个体发展的独特性，承认差异的存在，并根据这些特点进行有针对性的教育。我们教师应该根据每个孩子自身特异性，扬长避短，帮助他展现优势，改善劣势。作为新时代的教育者，不能由着自己蛮干，在对孩子进行教育的同时，必须多多探索学习。

"阳光快乐"班级文化

班级	三（3）	班主任	王萌	副班主任	陈新宇	时间	2015—2016
班级文化建设目标	总目标：践行社会主义核心价值观，做健康快乐，团结友爱的阳光好少年 阶段目标：1.学会做人，友善待物； 　　　　　2.学会健体，身心健康； 　　　　　3.做多才多艺，热爱读书的阳光少年。						
班名	**阳光快乐班级** 　　现在的孩子大都在亲人的百般呵护下成长，很少经历人生的风雨，但是，长大以后一遇挫折就很容易一蹶不振，因此，在学生时期就培养一种健康乐观的心态很重要，于是就取名为"阳光快乐班"。　现在三（3）班有39位阳光少年，青春，活力，再苦再累也坚持一路向阳。						
班徽	背景是盛开的蓝石莲花，太阳代表北农附小，小眼睛和笑脸代表着孩子们和老师，永远保持微笑。						
班植	石莲花 　　1.性喜温暖、干燥、阳光充足、通风良好的环境，不耐寒，耐烈日也较耐蔽阴，耐干旱，忌水湿，长期放荫蔽处的植株易徒长而叶片稀疏。——美化教室环境 　　2.石莲花，来自墨西哥的它，永远一副晶莹剔透的样子，如同宝石精心雕刻而成的花朵一般，永远都陪伴在主人身边，所以也被称为"永不凋谢的花朵"——班级目标（友爱，互助）。						
班训	强身健体，立志成才。 三年三班，奋勇当先。						
班歌	《学习雷锋好榜样》						
班级公约	心中多一点警惕，爸妈少一分担忧；关心热爱班集体，把班级当作自己的家；敏而好学，不耻下问；劳动是一切知识的源泉。 　　心中多一点警惕，爸妈少一分担忧：安全健康放首位，明白生命最宝贵，安全是保障。模范地遵守学校纪律，严格遵守交通规则。过马路不闯红灯，宁可多等一分钟，也不抢一秒。						

班级	三（3）	班主任	王萌	副班主任	陈新宇	时间	2015—2016
班级公约	关心热爱班集体，把班级当作自己的家：1.课间及时准备好下节课的学习用具，离位时将桌椅摆放整齐，椅子靠到桌肚里。2、课间及午休时间提高安全意识，不做危险游戏，不追逐、打闹，上下楼梯靠右走，不冲撞，不拥挤。3.集合整队做到快、静、齐；做操时，动作要标准到位，节奏正确；集会时遵守会场纪律，不喧哗、吵闹。4.上课或写字课时坐姿端正。每节课前的铃声响后应及时坐端正并且书声朗朗。5.认真做好每天的卫生值日工作，放学后及时关好门、窗、灯，并按时回家，不在校内校外逗留、玩耍，不玩电子游戏。 6. 见到老师主动打招呼，与老师交谈态度诚恳，同学之间团结互助，不说脏话、粗话，不打架，不骂人。7.不迟到、不早退，有事及时向老师请假。保持个人卫生，经常洗手，保持双手的干净，在校佩戴红领巾。8. 性格开朗，勇于竞争，积极参加各种集体活动，为班争光，做一个自信、坚强、有集体荣誉感的小主人。 　　敏而好学，不耻下问：1.早晨到校自觉读书，不吵闹，不玩耍。 2.按时完成各项作业，书写工整，并及时交给老师检查，有错题的及时订正。时刻保持作业的整洁。3.课堂上不乱讲话，不搞小动作，专心听讲，听清楚老师的要求，并积极动脑，大胆举手回答问题。4.珍惜时间，勤学好问，养成良好的学习习惯。 　　劳动是一切知识的源泉：1.根据各小组的安排，认真做好清洁卫生及保洁工作。爱护清洁用具，不玩耍，快速有效的完成。 2.放学前排好各小组的课桌椅并捡走座位周围的垃圾纸屑，为第二天创造一个干净、漂亮的学习环境!
班主任寄语	你们犹如一棵棵小小树苗，充满旺盛的活力，希望你们在阳光的教育下，长成郁郁葱葱的参天大树，我们期待着!

让爱心之花绽放

王萌

　　班主任职业幸福主要源于自身。初入教师职业的我，一来就承担起了班主任的职责。面对这样的身份，我退缩、迷茫、彷徨，更甚者的是害怕。可是，这一年多在校园发生的一切，潜移默化地改变了我的想法。如今的我，不时会有一股幸福感涌上心头，现将我的所想、所感记录点滴。

　　第一个故事：一草一木皆有情：许下春天的希望，班级种植园活动

　　"胜日寻芳泗水滨，无边光景一时新"，在这春意盎然、百花盛开的季节里，北农附小的班级种植园活动启动啦！一起来欣赏我们班种植活动畅想曲吧：

　　在小杨老师的带领下，孩子们对 "喜欢种什么"的话题进行了交流，计划出孩子最想种植的几种蔬菜，然后少数服从多数，全体举手表决：

　　向日葵、黄瓜、丝瓜、小番茄，生菜……孩子们各种各样的种植心愿，跃然纸上，小家伙们一个个都激动不已！

一进园子，孩子们迫不及待地拿起铁锹开始刨土、挖坑，小心翼翼地把种子和菜苗埋到坑里，培上了土，然后又浇上水……干得不亦乐乎！锄地、播种、填土、浇水……这些平时由庄稼汉干的活，现在的"主角"变成了满脸稚气的小学生。

从选种、育苗、分播，每一步都由学习农业的老师严格控制、详细指导。在活动过程中孩子们亲身参与，体验劳动的快乐，通过观察幼苗，了解幼苗的生长过程，进而让孩子们感知生命的意义，更加珍惜、爱护生命。孩子们把"小菜苗"小心翼翼地托在手里，就像对待婴儿一样的体贴，有的孩子一边种一边还自言自语："你一定要长大哦！我们会经常来看你的。"只要一下课，孩子们就跑到种植园看一看，看看小菜籽是否有什么变化，发芽了没有；要不就追着我问："老师，我们要给菜籽浇水吗？它肯定渴了！"个个满脸的认真样。每次去种植园浇水都是拒我于菜地之外。说到浇水，我们班还发生了一件感人的事。

我们的向日葵总是周一来了就蔫了，但上午浇水后下午立马就挺拔起来，孩子们都觉得不可思议，张大嘴巴指着小幼苗激动地告诉我："老师快看小幼苗又起来啦！"随即我告诉孩子们，幼苗播种后，要靠顽强的精神才能生长出来，它们个个都很坚强，我们要善待它们，就像我们也要善待自己的生命一样。听完孩子们坚定的点点头，之后我发现，每每看到有同学去折楼道里的花时，他们会一本正经的跑过去，拽着折花的同学不放手必须让他对花说对不起，向它道歉，因为花也是有生命的。通过孩子们细心照料，我们的小菜苗破土而出了。孩子们围着园子，小脸乐成了花。他们有的大叫"西红柿开花啦！"；有的抚摸着菜苗，自我陶醉；还有的着急地问"生菜什么时候可以吃呢？"等等。蔬菜成熟了，我带着孩子们一起去菜地收获了果实，孩子们的喜悦之情溢于言表。

看到孩子们相互间介绍着美食，谈论着美食，品尝着美食，回味着美食，我能感受到他们通过辛苦的劳动得到的丰收喜悦。

第二个故事：爱在师生间涌动

大教育家陶行知说："没有爱就没有教育。"这份爱让我倾心付出，无怨无悔；这份爱让我在教师的岗位上痴迷和沉醉，

我为孩子们付出了辛劳和汗水，同时也收获着孩子们回报给我的关爱、温暖。体验着特有的感动和幸福。

2015年12月25日上午，农学院附属小学三年级三班开展了一次别开生面

的家长开放日活动。家长们全程参与了课间操及四节生动有趣的课。我给我的家长们做了好多准备，我用视频软件给他们在雾霾假的活动照片全都做成视频，配上音乐，让家长们感受到了停课不停学，寓教于乐的精神。

第一节语文课，我带着孩子们一起欣赏了西沙群岛的富饶美丽，并结合PAD进行教学，课的结尾我还给孩子们准备了BBC有关美丽中国的记录片，一节课下来，孩子和家长们都认为这是一堂丰富多彩的语文课；第二节是数学课，课堂氛围轻松快乐高效，孩子们在"乐中学习"；接下来的是美术课，音乐课。音乐老师，经过前期精心的准备，结合日常的音乐基础训练，在老师们的引导下，课堂活动中学生们学得主动、学得成功。家长们都听得非常认真，看到孩子们学得如此生动活泼，个个露出了满意的笑容。

最让我感动的是那节美术课，美术老师别开生面，精心设计了让宝贝儿们画肖像漫画，巧妙地让家长们参与到课堂中。开始画了，孩子们个个伸着脖子歪着小脑袋仔细观察着坐在教室后面的爸爸妈妈。有的宝贝还像小画家一样，一本正经地要求爸爸妈妈摆好pose，不许动，抬起头来，不许说话....而我就在后面随时抓拍孩子们有趣的动作。这时候，我发现小刘同学在偷偷地看我，我赶忙问他是不是忘记带美术用具了？小刘却笑着说："老师，我是在画您。"这时候有几个孩子也偷偷地笑了原来他们都在画我呢。我问你们怎么不画爸爸妈妈呢，他们眨着眼睛说："我们就想画王老师"。我根本没有想到他们会有这样的举动。当时还真有些不知所措呢，心里想着，家长们好不容易来一次学校和孩子们一起上课，多么难得的机会啊，孩子们要是画我，他们的爸爸妈妈会不会很伤心啊。于是，我就躲到了录播控制室里，不让孩子们看见我。可是孩子们却一个个叫起来呼唤着："王老师哪去啦，王老师出来啊；没事儿，我都把王老师的样子记住了"。而刘浩竟然跑过来叫我出去，我悄悄告诉他，你去画妈妈，老师咱们在学校什么时候都可以见到啊，而他却说："妈妈，我也天天见啊，我要画您，我爱您。"一瞬间一股暖流流到心里，孩子们朴实的话语让我感受到了他们的爱…到了展示的时候，看着他们为我画的一幅幅肖像画，我的泪水不由得地流了下来，下了课，孩子们把画送给我，有的还写上了一些话说：王老师，今天您辛苦了，画您喜欢么？要我好好保管，当然了，而且我会好好收藏起来的。

虽然家长开放日结束了，但孩子们那天一句句天真可爱的笑脸和真诚的语言，让我记忆深刻。

看着孩子们一双双纯真而明亮的眼睛，听着孩子们一句句淳朴而温暖的话语，我被感动了，被我的学生深深地感动了，我想说谢谢你们！孩子！谢谢你们又让我收获了无数感动，谢谢你们让我的生命又增加了几许厚重！我要的幸福原来如此简单，做自己喜欢的职业，并依此养活自己，和自己喜欢的学生在一起，同时使他们也感到快乐。

第三个故事：融化冰雪的小手

风终于来了，吹散了连日的阴霾，吹来了清新的空气，吹出了暖心的太阳，我的"小豆丁"们也终于可以跑出教室，去操场上锻炼身体呼吸新鲜空气，学校里也继续了每天的阳光体育运动。

小豆包们排着整齐的队列，快乐地跑着，就像一个个跳动的音符，而塑胶跑道则像是五线谱，孩子们跳着，跑着，跳出了一曲美丽的乐曲…

这时我发现了在操场阳光照不到的拐角处还有一些冰，没有被太阳融化，这是前几天北京大雪留下的产物，我怕孩子们滑倒，就沿着冰的边上跑步，同时提醒这这些小音符不要滑到，孩子们安全地笑着，跑着。

接着我们又跑到了冰的位置，这时，我感到后面有人用小手扶着我，原来是大刘浩，他把手放在我的腰上，甜甜地对我说："老师，你要慢点哦，别摔着。"我会心地笑了。而且每次跑到拐角处他都会扶着我，跑过冰面之后就把小手收回去。

浩温暖的小手，温暖了我的内心，似乎也融化的路边的冰雪，这个冬天，有他们在，我想我一定不会觉得寒冷，每个孩子都有自身的闪光点，只要用心去爱他们，孩子们也会用爱来回报给我们。

罗素在《幸福之路》中说：因从事一项很有价值的建设性工作而感到快乐，是人生所能获得的最大快乐之一。谁来感受班主任职业幸福？毫无疑问班主任自身最具有发言权！幸福是灵魂的事，灵魂是感受幸福的"器官"，任何外在经历必须有灵魂的参与才能称其为幸福。

对于带着幸福感投身教育事业的我来说，教育不是牺牲，而是享受。作为一名班主任，自身才是感受职业幸福的主体，而我正在体会着！

"小天使"班级文化

班级	三（4）	班主任	梁静	副班主任	屠达青	时间	2015—2016

班级文化 建设目标	总目标：学会做人，再做学问。 阶段目标：1.学会遵守规则，学会感恩； 　　　　　2.学会承担责任，团结友爱； 　　　　　3.雅行自信，生态理念，回报社会。
班名	**小天使班级** 　　从一年级接手四班，看着活泼可爱的小豆丁们，让我不禁想起了"小天使"，于是我们找了很多天使的图片和故事，接着我们开班会、家长会，一起商量探讨，最后决定就叫这个充满爱、充满阳光、懂得感恩的——小天使班级。
班徽	背景是盛开的石榴花和诱人的石榴果实，橙黄色的底盘代表阳光二小，小天使是成员，那颗红心代表着团结友爱，周围由结满果实的石榴树簇拥，代表着我们每个成员都是唯一，都不可替代。
班植	**石榴树** 　　1.石榴树可供观赏，四季常青，美化班级环境——美化（净）； 　　2.石榴树成长期漫长，会开花、结果——有成就感、学会等待、尊重规律（静）； 　　3.石榴树寿命长，换言之，它具有顽强的生命力，在不开花结果时依然常青——顽强（竞）； 　　4.虽然石榴树的花量很多，但他却只把最优秀的留下，最终长成甜美诱人的果实，却又把果实分享给别人——取精华、去糟粕，分享；石榴的果实由许许多多的单独颗粒组成，却又彼此依靠，紧紧相拥——团结；很多人愿意把石榴花送给别人表示祝福——友爱（敬）。
班训	四班四班，勇往直前。 团结奋进，共创辉煌。
班歌	《团结就是力量》
班级 公约	净 静 敬 竞 　　静：即安静——心静。小学阶段也是习惯养成阶段，安静："入班即静"，培养孩子努力为自己、为他人创造一个良好的学习氛围的习惯；"列队即静"，上操、午餐、放学等，孩子们学校生活离不开列队，通过"列队即静"培养孩子遵守规范的习惯和意识。心静："入校即静"，培养学生静心学习，静心思考的习惯。

班级	三（4）	班主任	梁静	副班主任	屠达青	时间	2015—2016

班级
公约

　　净：即干净——静心。"干净"：校园整洁干净，需要我们做到在校园的每一个角落都能捡起地上的垃圾；教室整洁干净，需要生活班长随时检查，需要值日生每天中午认真负责，需要每一位同学的保持，每个课间都自己检查；个人干净，我们要做到勤洗澡、勤换衣物、勤剪指甲。"心净"：不仅美化环境，还要不断美化心灵。达到仁者爱人，厚德载物，自强不息的境界。学会分享，乐于把自己的成果分享给别人。

　　敬：即礼貌——尊敬。"礼貌"：进入校园，见到老师客人主动热情问："老师您好！您今天真漂亮（帅）！"带给每位老师一个好心情。回家后，孝敬长辈，主动承担力所能及的家务。"尊敬"：尊敬他人，团结友爱，有合作意识。尊重自己，学会生活，有顽强的生命力，不怕困难。

　　竞：即比拼——竞争。"比"：与自己比，每一次都进步一点点；与班里的同学比，每一次超越一个目标；与其他班同学比，让自己越来越优秀。"拼"：积极参加每一项活动，只要用尽全力拼搏，你就是最棒的！"竞争"：学会在竞争中成长，取他精华、去己糟粕，将自己的优势发扬壮大，在心中生根、发芽、结果。

班级	三（4）	班主任	梁静	副班主任	屠达青	时间	2015—2016
班主任寄语	宝贝们，我愿意做一把钥匙，打开你们的心灵，让你们在阳光下身心健康地成长。你们每一个人都是唯一，都是独特的存在。我们一定要记得：先学会做人，再做学问。						

用绿色的爱装点孩子们的内心世界

梁静

2013年9月，我承担起一年级4班的班主任，40个活泼可爱的小豆丁，对于天生喜欢孩子的我来说真是欣喜若狂。看看这个很喜欢，看看那个也很喜欢，舍不得批评，更舍不得惩罚。

可是接下来的日子，却苦了我，他们实在太"淘气"了——上课说话、自私小气、不关心他人和集体、抵触学习……于是我开始"表扬加批评"、"奖励加惩罚"，可是效果不尽人意，有老师在的时候他们都乖乖的，可一旦脱离老师的视线又原形毕露。我经过分析得出：现在的孩子独生子女居多，个个在家都是小皇帝或者小公主，心中没有他人，最根本的问题就是缺乏集体意识、缺乏责任感。

我知道，说教不能让他们心服口服，必须借助一定的媒介让他们从内而外的认识爱与责任的重要，于是我们借着学校"阳光生态"班级文化建设活动，风风火火地进行绿植种植活动。

第一个故事：向日葵的正能量

"一班一品"班级生态文化建设的开展给了学生一次体验的机会，并让学生在照顾花草的过程中，懂得爱，学会为他人着想，学会等待，在无形中增强班级凝聚力。

最值得一提的是养殖向日葵的过程，在这个过程中我引导孩子们感受顽强的生命力和积极向上的精神。

从种植向日葵籽到发芽长大，孩子们都全程参与，积极观察并记录。第一次孩子们感到惊讶是向日葵籽冲破种壳发芽，孩子们说："老师，它好厉害，那么硬的壳它都能顶破。"于是我们利用班会一起查资料，感受植物的神奇，他们了解到植物的强大，无论是泥土、石堆还是山崖缝隙，他们都能生长。孩子们说也要向他们一样，能够克服种种困难，强大的生长下去。

因为周六日没有人在学校给向日葵苗浇水，好几个星期我们都在周一发现苗全部倒下，都枯萎了。可是当我们给它再次浇足水后，他会追着阳光在中午的时候全部重新站立。孩子们又一次感到惊讶，我们又一次一起查资料，得知向日葵永远追随太阳生长，也是因此而得名。孩子们说到："老师，我们也要像他一样追随太阳，快乐地成长，充满正能量。"

我们还一起想办法，解决周六日它就枯萎的问题，最终孩子们找到了办法：周五放学时给它浇足水，同时在托盘里放些水，并且把他从阳光充足的窗台上移到背阴处。果然，从此我们的向日葵苗再也没有倒下。

孩子们一次又一次利用集体的力量解决了实际问题，让孩子们不仅感受到生命的力量，还让他们一次又一次感受到集体的力量，充分理解"团结就是力量"。整个学期的活动，教会孩子们解决问题的方法，并唤醒他们内心深处的责任感和对生命的敬畏。

在种植的过程中，孩子们慢慢体味着其中的乐趣，并学会了承担责任，因为心中有了责任，不仅能照顾好花草，还把这种责任意识用在了班级事务和学习中，他们像石榴果实一样紧紧地拥抱在一起，班集体的凝聚力在日益增强。比如：在老师有事不在时，我们的小干部会主动安排任务，同学会积极配合，不再打闹；在运动会上小运动员们都能够拼尽全力为班级争光，其他的孩子及时为他们加油，还会安慰没取上名次的运动员；再也看不到脏乱差的教室，每一个值日生都尽职尽责，每一个同学都懂得保持；同学之间发生冲突，总会有一方谦让，和平解决问题；在学习中，我们的练习册不用我一个题一个题的判，孩子们会为了让我轻松一些而努力写好每一个字，小组长们都会帮组员细心检查，我只做过滤网……

第二个故事：一箭双雕，教学受益

我们在活动中潜移默化地培养孩子们各方面的好习惯，受益的还有我们的教学方面，很好的将德育与教学完美的结合。

在我们学习《寓言两则》中的"揠苗助长"时，在最后的感悟道理小结中，我的孩子这样说道："老师，我觉得这个故事告诉我们不能急于求成，要学会等待。就像我们种的那些花一样，不是一下子就可以长大开花。"

听了她的回答我给予了充分肯定，我也知道了，我们的"一班一品"班级文化建设中的德育教育已经"润物细无声"地植入孩子们的心里，并让他们在各个方面能够娴熟地运用，并不断深化对其理解。我认为，这才真正的达到了教育的目的，并把德育与学科恰当的结合起来。

另外，由于我们从开始到现在一直在不间断地写观察日记，我发现孩子

们的写作、表达能力有所提高。我们平时已经无形中锻炼了观察能力，所以在写看图写话时都能够做到观察细致全面，想象合理，每个人都可以有理有据的写出一个完整的故事。我们班有个从美国刚刚回来的孩子，经过他跟着我们一起写观察日记，我发现在没有我的单独辅导下，他的写作水平已经与其他孩子大大缩短了差距。

我们从开学初就已经在为期末做准备，每学完一个单元我都会让孩子们自己总结相关知识点。可是在期末紧张的复习中，我发现有些孩子疲倦了，上课也不能集中注意力跟上我了。于是我们又开了一次微型班会——期末复习动员会。我让孩子们说说这学期通过种植活动，有什么收获。孩子们七嘴八舌地说着——"我要学习向日葵顽强生长！""我要学会照顾别人！""我要做个有责任心的人！"……"我要学会等待，踏踏实实地学习，不急于求成。"

听到这个说法，我继续说："是呀，我们的花也不是浇一次水就长大开花了，它是有一定的积累才能开花结果的。"孩子们不住的点头。我又说："我们的总结、复习对期末来说有，你有什么感想？"孩子们陷入了沉思，一会儿就都高高的举起了小手。有的说："我们的总结复习也像种花一样，不能急于求成。"有的说："我们应该不断总结、复习，就像给花不断浇水、施肥一样，这样才能有好的结果。"还有的说："我们要向尊重花的生长规律一样尊重学习规律，不能存侥幸心理，想偷懒、省事。"……

听了孩子们的话，我知道他们已经理解了我的用心。当时我就在想，"一班一品"班级生态文化建设的作用还真不是一般的大。

我想说，好的班级文化建设受益的绝不可能只是一个方面，他会让孩子们在习惯养成、学科学习、心灵成长等多方面受益，可谓是"一箭双雕"的好事通过对班级内的花花草草的种植、养护和记录，孩子们已经从自私的孩子变得关心他人了，从"事不关己"变得会合作了，从抵触学习变得主动质疑了……孩子们在潜移默化中悄悄地发生着变化，将近一个学期的尝试，也让我受益匪浅、感受颇多。

第一，爱的教育是所有教育行为的基础。孩子们自私、不关心集体和他人全都源于他们只是在"被爱"，其实他们不懂爱、不会爱，通过养护花草我们学会了如何爱，懂得了爱是相互的，那么责任心问题也就随之解决了，她们就会关心他人、关心集体了。没有爱就没有教育，爱的教育不只是基础，也是教育的至高境界。

第二，教育应该是"润物细无声"的引导。现在想想，我们的说教对于孩子而言根本起不到作用，因为我们说的话不能走进他们的内心深处。然而通过种植的过程，通过他们的亲身体验，通过平时的引导，他们将爱与责任深深地印在心里，所以在老师有事不在时，我们小干部会主动安排任务，同学会积极配合，不再打闹；在运动会上小运动员们都能够拼尽全力为班级争光，其他的孩子及时为他们加油，还会安慰没去上名次的运动员；再也看不到脏乱差的教室，每一个值日生都尽职尽责，每一个同学都懂的保持；同学之间发生冲突，总会有一方谦让，和平解决问题；在学习中，我们的练习册不用我一个题一个题的判，孩子们会为了让我轻松一些而努力写好没一个字，小组长们都会帮组员细心检查，我只做过滤网……

第三，观察日记不仅记录花草成长过程，更记录了孩子们内心的成长变化。这种"非作业"式的日记可以让孩子们敞开心扉，敢说敢写，孩子们既锻炼了写作，又锻炼他们分析问题的能力，使其在记录过程中将爱、责任、集体放在心中。

慢慢的，我和学生不仅是师生关系，更成为无话不谈的好朋友，我们的集体不仅是一个团队，更成为一个温暖的大家庭，希望我的孩子们在接下来的日子里健康快乐的成长。

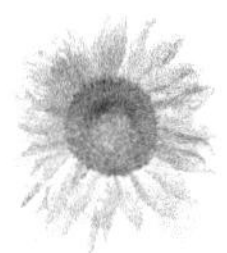

"晨曦"班级文化

班级	三（5）	班主任	张凌云	副班主任	赵雨思	时间	2015—2016
班级文化建设目标	总目标：做一个阳光善良的人 阶段目标：1.自主遵守各种规则； 　　　　　2.团结同学，友善待人； 　　　　　3.学以致用，积极向上。						
班名	**晨曦** 　晨曦是清晨的第一缕阳光，象征温暖，光明。希望孩子们能像清晨的第一缕阳光，保持着一颗温暖的心，把阳光洒满校园。						
班徽	背景是微笑的太阳，七彩的底盘代表学校的七彩阳光教育，上面的两个孩子高举幸福的双手，乘着七彩的阳光教育，感受着温暖。同时也代表孩子们的团结友爱。						
班植	**绿萝** 　绿萝，它象征着坚韧与善良。希望学生能像绿萝一样坚韧不拔，友善待人。 　它是一种生命力极其顽强的草本植物，有水即能生长，又被称为"生命之花"，易于生长。它翠绿欲滴的叶片和柔嫩的枝茎引起人们的无限喜爱，加之它"坚韧善良，守望幸福"的花语，它既可以绿化环境又可以净化空气。将绿萝摆放在室内，能展现主人翁的坚韧善良、热情好客的美好品质。 　绿萝叶片娇秀，摇曳生姿。它让空间变得生机盎然，能给人一种审美上的愉悦感，让人身心舒爽。绿萝是大型常绿藤本植物，它与吊兰和常春藤的植物一样，具有很强的净化空气的能力，吸收有害气体，净化空气。希望学生能把生活中遇到的问题，及时改正错误，做到净化心灵。做到坚韧善良，永远保持着善良之心。						
班训	三年五班，潜力无边。 顽强拼搏，奋勇争先。						
班歌	《阳光总在风雨后》						
班级公约	1.进校：穿戴整洁重仪表，备齐用品准时到；进校说声老师好，相互问候有礼貌。 　2.早读：勤奋好学争分秒，贵在自觉效率高；语数英语同重要，书声琅琅气氛好。 　3.升旗：升旗仪式要搞好，热爱祖国第一条；齐唱国歌感情深，肃立致敬要做到。 　4.两操：出操集队快静齐，动作规范做好操；每天眼操做两次，持之以恒视力保。						

班级	三（5）	班主任	张凌云	副班主任	赵雨思	时间	2015—2016
班级 公约	5.上课：铃声一响教室静，专心听讲勤思考；举手发言敢提问，尊敬师长听教导。 　　6.课间：课间休息不吵闹，文明整洁要做到；勤俭节约爱公物，遵循公德要重要。 　　7.学习：各门功课要学好，遵守纪律最重要；预习复习要自觉，环环扣紧才生效。 　　8.作业：审清题意独立做，格式规范不抄袭；簿本整洁字端正，保质保量按时交。 　　9.生活：爱惜粮食要记牢，节约水电少浪费；服从管理加自理，遵守纪律觉悟高。 　　10.离校：值日卫生勤打扫，按时离校关门窗；横穿马路站看行，安全法规要记牢。						
班主任 寄语	绿色是希望的象征，希望我们每一片绿叶，都能朝气蓬勃，积极向上。						

静待成长

张凌云

案例描述

2014年8月30日，我满怀期待的与他们第一次见面，看着照片上的脸蛋，想象着与他们碰出来的火花。

在接下来的一周里，我重点观察着这些孩子们。在接手之前我就听说过关于这个班的各种传闻。特别想认识认识别人眼中的"混世小魔王"，"调皮捣蛋鬼"，"年级风云人物"。但观察了一周之后，我并没有看到这些"混世小魔王"，"调皮捣蛋鬼"。看到的是一群天真烂漫的孩子，活在自己的世界，快乐无边的孩子。但是，有的时候他们控制不住自己的行为，比如说集会时喋喋不休的说着，排队走不齐，课间在追跑打闹，这些真的让我很是头疼。所以只要课间时间，我立刻回班，生怕这群孩子出个什么事，只要我没事的时候，总会与他们在一起，真的做到了实时监管着。这样下去行吗？我总是在孩子遇到问题的时候出面解决，他们给我的问题越多，我就有点接不过来了，今天处理打架事件，明天就是处理丢东西事件，总有种莫名的力量压制着我。

进行单独教育

每个孩子都是善良的，他们容易犯错，就是没有得到好的引导，好的

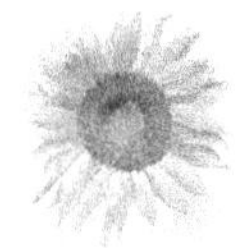

督促。刚刚开始，各项管理工作都比较严格。我们班有个叫小龙的孩子，他总是打人，不写作业，让老师头疼让同学害怕。后来了解了孩子的具体情况。他是单亲家庭，孩子跟着爸爸，爸爸很忙，各种事都需要孩子自己来解决。加上爸爸的"以打为教育"的原则，以致孩子从一年级开始就是班里的一霸。后来我观察，这个孩子实际就是缺乏爱，缺乏关心。我就对他一视同仁，多以表扬为主，孩子打人情况减少了很多。但现在孩子与我比较熟了，打人现象又开始出现了。有一次打人被我发现，当我从楼下上来时，看见他正在用手一下一下的拍打着一个内向的孩子，我快速地走过去制止他。当他看见我走过来，开始给自己找各种借口，对我说那个孩子上课笑话他。我说人家笑了你就要打他啊，他说爸爸说了，谁欺负我我就要打回去。放学了跟孩子爸爸聊了聊，孩子爸爸只说了：我来解决，张老师您费心了。不容我多说就带着孩子走了。第二天孩子第一个来到学校，认认真真的读书，我和他简单聊了聊，他说回家爸爸打屁股了，不打架了。我知道他的教育以打为主，让我不知怎么该和他交流，感觉一说孩子的问题，孩子就要挨打。

终于，我忍不住了，不能反应问题，反映问题孩子就遭殃。必须要聊聊了。我起初和孩子聊天，想打开孩子的心扉。我就与孩子分享我的故事，给他讲我小学时候的故事，他每次都能静下来认真听，然后问我各种各样的问题。在之后的很多个课间里，只要没有人和他玩的时候我主动跟他聊天。他也渐渐的喜欢上了和我聊天，有的时候还主动找我说说话。我们俩还设计了一个简单的完成单，只要他完成了在校的相关任务，只要他不打架，我就会奖励他。这样他课间与同学打架事件明显减少了。与此同时我找到孩子爸爸，和孩子爸爸聊了很多，知道了孩子爸爸确实很不容易，但他的这种教育方法也是不对的。每个孩子都需要爱与鼓励，打是打不出来的。孩子爸爸也非常认同我的做法，我们两个开始打配合，孩子真的进步不少！也按我说的去做了，孩子确实有了不一样的变化。

跟孩子熟了之后，孩子什么都会和我说，作业完成情况也有所好转。但有的时候家长的配合也相当重要。有一次卢小龙身体不舒服，我一直联系不上孩子的爸爸，急得我团团转。想各种办法帮孩子降温。直到过了放学时间，孩子爸爸打来电话，说有事，刚来接孩子，我真的有点急了，我对爸爸毫不客气的说了孩子今天的状况，说出了我的担忧。爸爸也吓了一跳，没想到我一个年轻的新老师会这么说话，但出于我的关心，爸爸也是没有多说，一再向我道歉。我对孩子爸爸说不需要向我道歉，我今天这么说话确实欠妥，但受罪的是真是孩子啊！当天晚上，孩子爸爸给我打来电话，一再向我道歉，谢谢我。通过这次，孩子和我更亲了，孩子爸爸也更信服我的，知道我对他们家孩子的好了，在放心大胆的配合我的工作。

面对这样的家庭环境，我能做的就是多点爱给孩子。我还让孩子负责了班里的绿萝养护工作，让他把自己负责的绿萝当成朋友一样对待，让他学会去关心自己的小绿植，关心别人。逐渐的，他变得爱帮助别人，爱写作业，爱与同学交流，学会了与同学友善相处。

案例反思

在教育中一定要给学生树立自信，教师的关爱是学生的动力，多多关爱学生，让学生在学习上积极主动自然而然的产生一股学习热情和求知欲望。要多多鼓励学生，树立学生自信心。作为教师，要学会认可我们的学生，让他们知道我们的关心。每位学生都需要不断的鼓励，就向植物需要阳光雨露一样，多多鼓励学生，让学生吸收养分，像我们的班植一样，有一种坚韧，善良的品质。着重看待学生的优点，用宽容的心包容学生的不足，让学生在学习中发现自己的进步发现自己的闪光点，发现自己的优势，教师及时作出表扬鼓励的小小动作，这样学生任何方面只要在原有的基础上有进步哪怕一点点，都可以得到表扬的机会。

"阳娃娃" 班级文化

班级	四（1）	班主任	赵慧超	副班主任	赫晓凤	时间	2015—2016
班级文化 建设目标	总目标：立学先立志，立志先立人。 阶段目标：1.学会文明做人，以礼待人； 　　　　　2.学会遵守规则、团结友爱，以诚待人； 　　　　　3.学以致用，常怀好奇、感恩、悲悯、敬畏的情怀。						
班名	阳娃娃班级　　从四年级起，接手我班，在感受这群孩子的活泼好动之余，也让我和孩子们之间建立起了信任与友谊。有时觉得好像自己也是个没长大的孩子，和一群娃娃共同学习、生活。于是我们召开了班会，和大家共同研讨班会的设计方案，结合班植以及班训，就有了如今的班名——阳娃娃——心生向阳的娃娃。						
班徽	背景是我们的校花，同时也是我们的班花——向阳花，绿色的枝叶上是我们的阳娃娃，在洒满阳光的校园环境下，试着起飞。可能他（她）会失败很多次，但人生不就是个不断试错的过程吗？每个孩子的花期都不相同，我们只需静待花开——花开遍地。						
班植	向阳花　　1.向阳花，因花序随太阳转动而得名。像太阳那么明亮灿烂，她向往光明，厌恶黑暗，陪伴孩子一步步地成长（心生向阳）； 　　2.向日葵有较强的耐盐性和耐旱性，鼓舞着孩子们学习它坚韧不拔的品质（恒以山移）； 　　3.向阳花的花期20天不等，花期也因气温高，雨水多，湿度大，光照不足，土壤干旱等因素导致结实率发生变化，象征着每个孩子的花期不同，我们需要慢下来，耐心地等待着花开遍地。						
班训	四一四一，恒以山移。 心生向阳，花开遍地。						
班歌	《Jimi and Lucy》						
班级 公约	敬畏生命、尊师重道、设身处地 　　敬畏生命：即珍爱、尊重自己和他人以及万物的生命。法国学者史怀泽说："当一个人把植物和动物的生命看得与他的生命同样重要的时候，他才是一个真正有道德的人。"对所有生命常怀敬畏之心，我们才会感受到生命的高贵与美丽。						

班级	四（1）	班主任	赵慧超	副班主任	赫晓凤	时间	2015—2016

班级公约

　　尊师重道：即尊敬老师、长辈，重视他们的教诲，以及尊重知识。"师者，人之模范也。"意思是：当老师的人，是人们学习的榜样。尊师重道不仅规范学生的言行，也时刻提醒着老师要以身作则、严于律己。

　　设身处地：即设想自己处在别人的那种境地。指站在别人的处境替别人着想。本班的独生子女不多，但是站在个人角度的同学不在少数，正是因为他们不懂得站在他人的角度思考问题。恰巧上学期的语文园地中有这样一个积累："己所不欲，勿施于人。"讲的就是这个道理。我顺势拓展《提前五分钟接班》、《徐特立的故事》给同学们。

班主任寄语

　　把脸一直向着阳光，就不会看见阴影。
　　梦回童年，儿时往事，远山一般寂静。尽管世界很大很大，时光很快很快，但在我心灵的一角始终有着不变的童年的苦和乐，还有那红日朝气蓬勃露出的笑脸。感谢在你们生命最美好的时光中，有我的足迹。

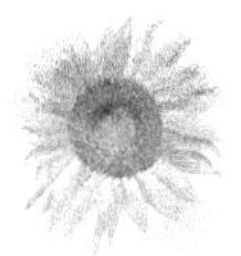

润物细无声

赵慧超

案例描述

向阳花被带到学校来，已经三周了。还记得大家把花拿来的第一天，窗台上的向阳花颜色、品种各不相同，果真有班植和没有班植不一样，让人看着就心生怜悯，生机盎然！课间，追跑打闹的现象也没有了，多的是孩子们给伙伴介绍自己带来的花是什么品种，是从哪儿好不容易才买到的，是花的习性，是给花浇水、喷洒营养液的身影。可是没几天，大多数花就有些枯萎，满窗台都是凋谢的花瓣和干瘪的叶子。看到这些，孩子们急了，开始抱怨总爱帮大家浇花的玲珑，责怪她把大家的花都浇死了。我不知该用什么强有力的说辞说服那些同学。玲珑很委屈地看着我，我只好说是因为最近的雾霾天气导致的。后来双方又争执不休……事后，我反思这件事的起因：一是班花鲜艳夺目，孩子们很难抑制对班花的喜爱之情，难免"溺爱"；二是负责照看班花的责任没有明确到每个同学；三是事实上我们对各个种类班花的习性了解得不够透彻，不知道什么时候需要浇水、多久浇一次水，还有是否需要营养液、除草杀虫剂等来维护。

次周的班会时间，我主持召开了题为"自然之道暨花儿为什么不再'红'"的主题班会。会上，同学们共同探讨出了我没有想到的花儿不再"红"的原因，还从主客观的角度提出了解决的方案。大家计划先从认真了解自己所养的向阳花的习性入手，紧接着向卖花人学习养花之道，然后专人负责自己的班花，在课间休息之余多对班花进行照料。最后，有同学补充，建议大家分小组比一比，看哪个小组的花养得最好，再设立一个班花成长日记，把小园丁们的感想记录下来。大家一下子热情高涨，我也舒了口气。

案例反思

主题班会和竞争机制是解决班花养护问题的一种策略。目前效果还不是很明显，但也已经可以看出，枯萎的叶子减少了，花朵也相对饱满了起来。反思这一段时间以来班级文化建设的管理工作，给我感触最深的就是，班级文化的建设一方面需要老师方向性的引领，另一方面也要相信孩子们的智谋与力量。班级的一切事物，孩子都有参与的权利，让大家出谋划策，远远比老师一个人冥思苦想强得多。

　　向阳花的花语是：信念，沉默的爱。我想这就像孩子们对花开的期待，与我对孩子们健康、快乐成长的期待一样，只要有信念，就一定会拼尽全力克服种种困难，在默默的奉献中静待花开。

"书香向日葵" 班级文化

班级	四（2）	班主任	颜志耘	副班主任	芦红利	时间	2015-2016
班级文化建设目标	总目标：让孩子能成为雅行、自信、具有创新精神的阳光少年。						
	阶段目标：提炼班级文化精神，营造人文关怀、积极进取的文化氛围，培养学生良好的品德行为和文明习惯，让班集体充满书香，成为每一个学生温馨的家。						

班名	书香向日葵班级 　　理论依据：让教室成为一个散发书香的天地；让教室成为回归生活的家园；让教室成为一个平等对话的环境；让教室成为一个挑战自我的场所；让教室成为一个展示才华的舞台；让班级成为一个有精神的集体；让班级成为一个师生共同耕耘的园地；让班级成为一个凝聚力量的团队。 　　班名解读： 　　我们希望孩子能像向日葵一样蓬勃向上，还希望班级文化能营造浓浓的书香氛围，引领学生徜徉书香世界，畅游知识的海洋，让书香浸润班级，让经典滋润孩子的童年；让班集体成为一个温馨、充满书香味道的快乐之家、让每个孩子都能在充满阳光和温馨的大家庭里沐浴阳光、快乐成长；让每一个孩子拥有太阳底下最灿烂的笑容，一起在班级这片沃土上灿烂绽放；

班徽	阳光向上，快乐成长

班植	富贵竹 　　富贵竹，它姿态优雅，能很好地净化空气。富贵竹虽不是竹子，但却有竹韵，也和竹子一样具有生命强、坚强、有毅力等品质。阅读是对一种生活方式、人生方式的认同，能陶冶我们的性情，是一种优雅的姿态，能帮助我们发现前方，并引领我们走向前方。

班训	快乐惜时、自信自强。

班歌	《我们是快乐的向日葵》 啦啦啦 啦啦啦 我们是快乐向日葵 啦啦啦 啦啦啦 我们是快乐向日葵 自信伴着我 勇敢陪着我， 不怕困难啊 迎着太阳转 自信让我们更美丽 我们就是小蜜蜂， 勇敢、团结，

班级	四（2）	班主任	颜志耘	副班主任	芦红利	时间	2015-2016
班歌	风雨来了， 我不怕，我们要共同克服困难 嘿，我们是快乐的太阳花 啦啦啦 啦啦啦 勇敢向前进 不怕困难啊 迎着太阳转 我们团结一心 克服困难多愉快 胜利的歌儿一起唱 胜利的歌儿一起唱						
班级 公约	多一点微笑，少一点埋怨；与好书交朋友，与勤奋同行。 衣冠整洁上学校。敢与时间来赛跑。 爱国包容是美德，团结同学不欺小。 随到随读声音响，书声朗朗入双耳， 课间活动有秩序，追逐危险不打闹。 轻声慢步过走廊，上下楼梯靠右行， 做操规范有精神。踏步整齐划一致， 认真听讲多动脑，勤答问题多思考。						
班主任 寄语	做人以德，德高人敬；学习靠勤，勤能取胜。						

做一个像富贵竹那样有毅力的人

颜志耘

　　这学期，考虑到富贵竹既能美化环境、净化空气，它的无私奉献，顽强的生命力、坚强的毅力都能给人以启迪。所以班里孩子们开始进行了富贵竹的养护。就在这一班一品的绿植养护中，绿植的育人功能也无声地浸润了孩子的心灵。

一、竹韵飘香润童心

1.令人头疼的孩子让我陷入困境

　　小女孩代xx是一个特别活泼，上课回答问题比较积极，思维敏捷的孩子。但是行为习惯不是很好，桌面和桌斗总是很乱，不收拾，爱乱扔垃圾，

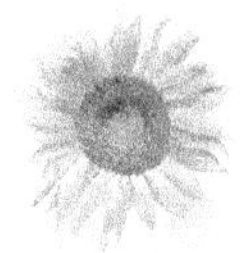

上课的纪律也不是很好，喜欢和同桌说话，贪玩，作业不爱完成，喜欢玩一些危险的游戏，如从更高处往下跳，拿着剪刀乱舞等，就是这样一个孩子，离我校的阳光教育的理念和班级的自主管理，以及班里的"让孩子能成为雅行、自信、具有创新精神的阳光少年"总目标相距甚远，怎么办呢？

我想了好几个方法来教育她，家长找了，罚也罚了，稍微有改正，及时表扬的招也用了，但最后都没有用，以致她在作文上写我是一只"野生的母狮子"，意思是很凶悍，很厉害。老师的想尽办法想让她改正缺点的教育就这样成了孩子眼里所谓的厉害，没收到教育的效果，更谈不上对老师的敬爱之情。怎么呢？一时，我陷入了困惑。

2.抓住契合点浸润童心

这个学期开学初，在班级岗位竞选时，我得知她特别想加入班级的板报组，但是板报组的组员和组长却有点不同意，因为她经常在板报组进行板报布置的时候捣乱，因为有时候板报组的成员要求全班同学交一些材料，就是她总不能完成。我先给板报组的成员开会，诚恳地告诉他们：xx的字，写得好，画也画得不错，她是有一些缺点，但是希望大家能包容她，给她一次锻炼和改正错误的机会；接着我吩咐板报组的组长，有任务时，让他们来结对做，并随时提醒xx，组长要及时把这个孩子在板报组的情况告诉我；然后我找来xx谈话，我把板报组成员的话反馈给她，又把我怎样给板报组做工的事情也告诉他，让她想想，该怎么办？她沉思了一会儿，仰着脑袋说："老师，您放心，我一定会像班里的富贵竹一样，用我的毅力改正我的毛病，做一个有毅力、有责任心的人………."看着孩子清澈的眼神，坚定的深情，我的心甜甜的，看来，这学期的通过班级的绿植的养护，和围绕班级绿植开的有关毅力的主题班会，对学生的毅力和责任心，养成好习惯等品质的教育产生了效果。

一天，班里精美的板报出炉了，我看到板报里大标题的几个字让人眼前一亮，用很多种颜色进行渐变的、式涂抹，特别新颖，而且很好看，一问才知道是xx的创意，我赶快在板报组和班里进行表扬，并给她奖励了阳光币，并把她写的和涂抹的精美的大字放到群里，下午放学的时候，当着很多家长的面，特意大声地表扬她的孩了有创新精神，了不起，是个人才，回去要好好表扬。听了我当着好多家长的面表扬的话语，我看到了家长脸上开心的笑容和孩子红红的小脸，兴奋的表情。

第二天，平常看着总是躲着我的××，走过来，从后面搂着我，轻轻的说：

"老师，谢谢您，我爸爸昨天表扬我了，也说我了，我今后一定要好好改正自己的坏习惯的。"看着孩子幸福的样子，我更甜了。

果不其然，她的桌面比原来整洁多了，这时，我又趁热打铁，给她一个任务，人走桌面清和班里乱扔垃圾的监督工作，谁做得好与不好，她有权利发和罚阳光币，她一听，高兴地大叫："耶！"看着它高兴的样子，我严肃地说："要想管好别人，首先你自己要做好，要不然同学们不会服你，还会说，你自己都没有做好，你凭什么管我…….."听了我的话，xx认真地说："老师，我一定会做好的……"接下来的几天，我让班长和我一起一直关注着她，指导，督促她做这项工作。

3.甜蜜的味道

还招还真管用，每天看到孩子的桌面干净了，垃圾乱扔的习惯好了，班里的卫生的保持工作也好了。时不时，孩子会跑到我跟前："老师，您看我今天的桌面和班里的卫生保持，怎么样，还好吧？"我会根据实际情况给她竖起大拇指，或者提出建议，孩子会更具我的建议进行改正。为了这个，我还把他的故事改编成情景剧在班会上进行演出，每项到这孩子还具有表演天赋，她出色的演技，让班里的同学受到教育的同时，并对他有了认可和佩服，而老师经常的表扬，更让班里有的孩子开始对他有了小小的崇拜。慢慢地，孩子身上的不好的习惯渐渐消失了不少。

更没想到的是，一天中午，孩子看见我在不停地揉脖子，她走过来轻轻地说："老师，您是不是颈椎不舒服，我给您揉揉………"我奇怪地问："你怎么知道的？"她告诉我，她妈也这样，她经常给妈妈按摩。架不住孩子的热情和真诚，我让孩子给我进行了按摩。果然是一个经常家长按摩的孩子吗，手法娴熟，力道合适，孩子软软的手在我的颈椎移动，那种舒服和甜蜜的滋味没法用语言述说，更舒服的是孩子的按摩中，有对老师的敬爱……一边享受着孩子的按摩，一边不停地夸赞孩子，并说，你妈有你这样的女儿真幸福，你给我当闺女好了，没想到这个原来看着我就躲的孩子竟然高兴地说："好呀！"现在每天我看班，没事时，孩子总会说："老师，您的脖子好点了吗？还要我按摩吗？"孩子关心的话语，让我感动，更我欣慰的是自己的辛苦总算没有白费了，有了成效。

二、阳光教育点亮童心

在班级文化建设的教育中，我们如果能根据孩子不同的个性，根据班里每个孩子自身的情况，不轻视孩子的不足，循循善诱，对症下药，多一点包容，多一点提醒，多一点耐心。去找找适合孩子发展的契合点，多点尊重，及时地表扬和鼓励，并给他们展示自我，发展自我的平台和舞台，师生间的距离进一步拉近，彼此间的真诚、信任增加，他们的童心会被我们的教育点燃，他们对你的建议会听从，对你的道理会认同，对你的规则会遵守，这就是亲其师信其道的道理。

当孩子的童心被点亮，孩子的激情就会燃烧，孩子的创新精神，纪律，习惯自然而然就好了，培养孩子的雅兴，自信也就水到渠成了。我想，这就是看得见的阳光教育和班级文化建设。

"追逐星星的孩子" 班级文化

班级	四（3）	班主任	付春晓	副班主任	王玥	时间	2015-2016
班级文化建设目标	总目标：先学会做人，再学会做事。 阶段目标：1.对自己所说的话负责； 　　　　　2.对自己所做的事情负责；						
班名	**追逐星星的孩子** 　　星空为什么灿烂，不是因为一颗星星耀眼，是无数颗闪亮的小星星成就了璀璨夺目的星空。发掘每一位学生身上的闪光点，鼓励学生释放属于他的光芒，让他们明白自己是"星空"重要的一部分，从而形成积极的班级文化氛围。						
班徽	平凡的星星，不平凡的人生						
班植	**绿萝** 　　"绿"代表平和，代表希望，我就是希望教室多一点新的绿意可以给在教室努力学习的学生们消除视力疲劳，美化教室环境，还可以为学生的生活与学习增添情趣，却不知用绿色美化了的教室还可以稳定学生的情绪，和谐他们之间的关系，甚至激发他们的斗志。 　　绿萝：外貌朴素，美化环境；淡守一隅，生机盎然。蔓延下来的绿色枝叶，非常容易满足，就连喝水也觉得是幸福的。坚韧善良的绿萝花要求的很少，回报给大家的却很多。只要我们做个有心人，处处留心，时时在意，我们和谐的班级就会很快建立起来，美起来。它们早已是我们班级的重要成员，就像我们班级的同学一样，每当你走进它们的时候，都会看到他们向你聚拢来，那种来自生命的真诚与热情总是能够打动你。它们的存在为我们教室增添了生机，成为学生们生活中的开心剂，他们不单从中积累了养花的经验，更关注不同植物的生命成长，甚至不断地感悟生活于生命的深刻内涵，从中培养学生们的细心，关心，爱心与诚心，不断体悟生命的宝贵。我们的班也就会长治久安，日益强盛优秀。						
班训	关心帮助身边的每一位同学， 让爱的阳光照亮集体中的每一个角落。						

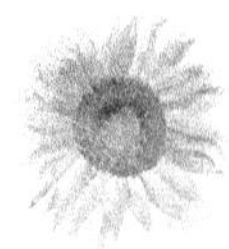

班级	四（3）	班主任	付春晓	副班主任	王玥	时间	2015-2016

班歌	《阳光少年》 童话里的世界五彩斑斓 雨露下的花朵扬起笑脸 我们是阳光少年 快乐地快乐地成长在美丽的校园 我们用歌声许下心愿 我们用智慧描绘诺言 啊 亲爱的校园 我们梦想的起跑线 从你的怀抱里 我们走向灿烂的明天 童话里的世界五彩斑斓 雨露下的花朵扬起笑脸 我们是阳光少年 快乐地快乐地成长在美丽的校园 春风里的小树越长越高 蓝天上的鸽子越飞越远 我们是阳光少年 在知识的知识的海洋里扬起了风帆 我们用歌声许下心愿 我们用智慧描绘诺言 啊 亲爱的校园 我们梦想的起跑线 从你的怀抱里 我们走向灿烂的明天 灿烂的明天！

班级 公约	快乐、奉献、团结、勤奋 争做"花样少年"——以花为师，学花立美，励志做人。 　　做具有班花精神的人，不仅是在学习方面，还要用阳光的心态去面对生活中的每一件事，这就是班花建设的最终目标，也就是争做"花样少年"。 　　1.争做"快乐成长"的花样少年。 　　结合中队开展"快乐成长"系列活动，并把它量化，设成名为"阳光快乐"评比栏，内设多个模块，有：学习花、守纪花、卫生花、劳动花、爱心花。引导队员在各方面进行比赛，让每个孩子全面发展！每个队员建立感悟本，把老师、家长、同学对自己的期望、评价，以及自己认为重要的、代表自己进步的方面都记载进去。让每个孩子享受成长的快乐！享受成功的快乐！ 　　2.争做"乐于奉献"的花样少年。 　　在中队中设立多种岗位，从班干部到小组长，让大部分队员都有事可做，提倡"班级事，争着做"，乐于为班级奉献。建立"爱心记录本"。把自己为他人、为班级、为学校做的好事记录下来，定期交流，体验奉献带来的快乐。 　　3.争做"团结合作"的花样少年。 　　发挥集体的力量，由每个同学自愿带一两本课外书，积少成多，变成一个班级图书角。"捐一本书，读几十本书"，方便队员阅读。成立互助小组，每个小组由三四个人组成，层次不均，以好带差。平时在小组内开展各种学习活动，如看课外书、朗读、背诵、默写等。成立"班级图书角"。

班级	四（3）	班主任	付春晓	副班主任	王玥	时间	2015-2016
班级公约	4.争做"勤奋向上"的花样少年。 利用中午二十分钟的时间进行课外阅读，尝试让班干部进行自主管理，轮流借阅图书。并让队员准备好"好词好句"摘录本，定期交流，指导队员逐步积累内化。建立每周一学习制度，让同学每周学习一首古诗，加强孩子的古典文学的学习。 "评选花样少年"活动小结、表彰 在以上系列活动中，调动队员多种感官，与班花面对面、心连心的对话。对班花产生真真实实的感受、切切实实的体验，班花的精神一点一滴渗透到队员的心灵。让队员们真正做到用阳光的心态面对学习和生活中的每一件事。						
班主任寄语	聪明的人，今天做明天的事；懒惰的人，今天做昨天的事；糊涂的人，把昨天的事也推给明天。愿你做一个聪明的孩子！愿你做一个时间的主人！						

拿什么去爱他

付春晓

人们常说"手指伸出来有长有短"，更何况人呢？不要奢求每一个学生都能迅速掌握老师所教的知识，也许有的学生就是那迟开的花，晚飞的鸟。作为一名教师，必须要公正地对待每一个学生，把特别的爱给特殊的学生。因此，我们应更亲近他们，鼓励他们，用爱点燃他们的心灵之灯，使其健康、快乐地成长。

一、个体情况：

我觉得我是幸运的，得到了一个宝贵的资源。一位有自闭倾向的孩子小闻同学。当我第一次见到他，觉得他是一个可爱的孩子。可是经过与他交流和互动后，就能发现他与普通同龄孩子的不同之处：和他打招呼，他没有目光对视；跟他说一句话，他置若罔闻，没有任何语言。不爱干净，喜欢臭的东西。来学校从不刷牙洗脸。接近他时，他会躲闪尖叫。上课时，坐在座位上不停的左右晃，嘴里还不时发出一些怪异的声音；课外游戏时，喜欢一个人独处或玩，对同学的游戏不感兴趣，不会参加；饮食固定单调不变，而且吃之前喜欢先闻闻味道，再决定是否要吃，不吃蔬菜，只喜欢薯片等零食；课下，总爱去厕所，在厕所里游戏，往厕所里扔东西，甚至去喝小便池的水。对待时间很刻板，比如接近放学时，一定会穿上外衣和背上书包等待放

学，若是临时有变化，则会不安，不停的晃手和怪叫；当他的需求没被满足时，便会敲打桌子或是推倒身边的同学等攻击性行为。到底是什么原因造成了这些状况，于是我开始从家长处进行调查了解。

二、背景分析：

1.幼儿时缺乏父母的照顾。

小闻有一个和谐的家庭。父亲和母亲都是知识分子，素质较高，工作还好。父亲文化水平较高，对孩子期望很高。母亲是个贤妻良母，一心想要培养好孩子。在孩子未到1岁的时候，由于父母工作的情况特殊，无法照顾孩子，于是交给了爷爷奶奶照顾，从此便很少过问。据母亲说，1岁多时孩子都比较活泼开朗，但是亲爷爷奶奶照顾之后，孩子就经常被关在家里，而且有时会大声的斥责。没有与外界交流。还有一次因为发高烧导致抽搐。这样的情况出现过两次。父母发现时，他已经不再跟父母、其他人交流了，更不用谈跟小朋友玩耍了。

父母发现之后，孩子已经3岁了，很多习惯都已经形成了。他们后悔不应该为了工作而失去陪伴孩子的黄金时间，让他沉浸在自己的世界中。父母也带孩子去看过心理医生，知道孩子有一些问题，只是没有勇敢的面对。在学前班的学习中，由于自控能力差，经常制造麻烦，父母只有将孩子带回家。一直到了7岁，父母觉得还是应该让孩子接受义务教育，才送到学校，希望他的情况能够有所好转。

2.缺乏交流沟通的生活环境。

在幼小时，虽然不会说话，但是已经在感知这个世界。可惜，父母把他交给了老人，错失教育孩子、呵护孩子心灵的最佳时机。孩子在一个没有人说话、没有人交流、没有人玩耍的环境中失去了交往的能力，沟通的能力，变得自闭、自卑起来。随着年龄的增长，不知道如何与同龄人说话、交流，更不知道如何与老师沟通、交流，遇到问题就变得特别焦躁、害怕，甚至是敌对，无法轻易接受别人，认同别人。

三、采取的策略与措施

对于这样一位有自闭倾向的小学生，加强家校沟通、营造良好的环境，个体心理辅导就显得十分重要，而且对于这种症状的学生，时间是保贵的，因为年龄越小纠正的概率就越大。于是，我针对小闻的表现，作了以下的尝试。

1.老师和学生拉近距离，得到信任。

开学发生一件小事，就是在中午吃饭的时候，小闻不想吃完碗里的饭菜就想倒掉，但是我不允许。我以为他会像普通的孩子那样，听老师的话，但是我错了。他不仅不高兴地推开我，还去给别的同学捣乱，把东西扔到同学的衣服里。我看到并把他拉到门外，我说你在不听话我就打电话给你妈妈了。一听妈妈，他似乎很害怕，就反复说着不要喊妈妈，不要喊妈妈，我说你改正了就不给妈妈说。可是，他仿佛没明白我的意思，他回去后又去给同学捣乱。由于他在我们学校上过学前班，对他还是有一定的了解。他不是不明白，他只是缺少了关爱。过了几天，我找到他跟他一起玩，偶尔玩碰鼻子的游戏。时刻的关注他，给予表扬和鼓励。因此初步得到他的信任了。拉近距离之后，我和小闻交流顺畅了很多，只是他不会不理我了。我迈开了第一步，紧接着我又接受着新的考验，那就是上课的常规。其他同学都能认真专心地听老师讲课，积极完成学习任务。但是小闻却自由散漫的在桌位上动来动去，有时下座位把同学的书放到别的地方。当我提问时他知道的都迫切的举手，着急的都要蹿起来。我告诉他应该怎样去举手，怎样去回答问题，不要着急。可他始终不停的叫喊。使课堂无法进行下去，我又气又急，唯有耐着性子听他把话说完。经过几次类似的事件，我渐渐明白了，他并非故意上课捣乱，而是有自己特别需要被关注，总想让别人关注到他，表扬他。得到他人的肯定。我知道，老是这样也不是办法，因为课堂毕竟是大家的，不能因为他而特殊对待。于是，在大课间的活动中，故意找到小闻，一会儿说你笑起来真可爱，一会儿说你的衣服可真漂亮，一会儿又逗逗他挠他痒痒。他也渐渐跟我熟悉起来，我就故意问他，喜欢我吗？他回答喜欢。我继续说我可喜欢守纪律的小闻，如果上课不下位走来走去的，老师会更喜欢你的，有什么问题，下课老师帮你解决好吗？他点了点头。

有一次，他会突然问我一些奇怪的问题：他问我游泳能游多远，反复的再问这个问题，还说他妈妈能游2米。我也很奇怪为什么他总我这个问题。于是在放学时和家长反映了这个问题，家长也不知道为什么在家里也问过很多次这样的问题。我们一起想到底是什么原因让孩子反复的说这个问题。妈妈想起：在放假时带孩子去泡过温泉，那天玩得很开心。于是，我想到，这孩

子不知道怎么表达自己的想法，只有反复的去说，引起我们的注意。我把小闻叫来问他："小闻，你放假的时候是不是去泡温泉了？"他很兴奋地说："恩，爸爸妈妈带我去的，可好玩了""你还想不想去？""想"，看来他真的是想去玩，只是不知道怎么来向妈妈表达意思。经过这件事，我发现他和我越来越近接近，因为每次他都能在我这里得到满意的答案，我们加深了交流，增进了感情，以至于每次大课间活动时，他都靠近我，看着我，我也很高兴地摸着他的头，你要乖乖的！

通过我和他的交流，相处，我发现他渐渐喜欢上我，我也对他表示出友好和喜欢，经常逗逗他，跟他做碰鼻子的游戏。之后发现上课的时候他的毛病改了许多，也学会了下课之后和我沟通。有的时候，其他老师批评他不听，我就开始教育他，他就乖乖的改正了。此时，我也很高兴，因为我知道自己已经开始走进他的心里，他已经把我当成了朋友。

2. 营造和谐融洽的氛围，鼓励中树立自信。

一个良好的学习环境，对他来说，也是个很好的开端。交会他与同学相处的方法，对于他的成长是有益的。小闻在班级生活还好，有的同学对他会另眼相看，无法树立起他的信心，这样对于以后的学习生活是不利的。开始也许会有困难，但是在家长、老师的指导下，同学的帮助下，我相信他会成功的。

在课堂上，他渐渐减少了乱动，我给他安排了女生做同桌，并督促他们要好好合作，互帮互助。有一天，他居然举手发言了，我迫不及待地请了他，他大声地读出了"暖"音，全班小朋友也在我的煽动下给予他热烈的夸奖声。这一次发言，对于小闻来讲非同小可，因为他知道了举手才可以回答问题，回答正确了可以得道老师和同学的掌声，找到了自信。以后还会有很多次很多次，他会不断找到自信。

不知不觉过了一学期的时间，小闻已经基本适应了小学的学习生活，也能和同学们相处得融洽，我们也为他高兴。这学期来了之后，我发现他见到老师都会主动问好，于是我就在全班表扬小闻是个爱读书的好孩子；我还发现他经常会发现一些问题然后来告诉我，于是我又在全班表扬他很关注身边的事情，关心同学。后来，我发现上课他更安稳了，写字也漂亮了，还参加了班级语文写字比赛、获得了小喜报；得到了同学们的认同。

3.找准问题的关键点，纠正不良的习惯。

从一开始，我为了拉近与小闻的距离，采取了是鼓励表扬的政策，因为这样可以拉近我和他的距离，充分得到信任。但是有时却纵容他的一些不良的习惯，为此，我好好思考觉得该讲的问题，该说的问题还是要好好教育和纠正。在此前，先和他妈妈做了沟通，希望家长配合老师的教育，双管齐下，帮助小闻养成更好的习惯。

小闻每天来上学脸上总是脏兮兮的，而且身上还散发出怪异的味道，我把他叫来问他："你洗脸了吗？刷牙了吗？"他却吱吱呜呜的回答："没有"于是我就叫他把脸洗干净，然后给他抹油，用镜子照这样多干净、多漂亮。告诉他要做一个干净的孩子。可是，他好像很难听懂。在之后的几天还是不洗脸、不刷牙。于是我找到了家长了解情况：1、每天晚上给孩子洗好了脸，第二天早上就不用洗了。2、由于妈妈是做淘宝工作，家里堆放了很多杂物，所以导致家里很乱。

就对这两个问题，我做了分析：1、父母没有养孩子养成良好的习惯，没有注意个人卫生。父母只顾着自己能省事，就不按着步骤去做，所以误导了孩子。2、孩子的生活环境直接影响着孩子，他不知道应该生活在一个美好的环境之中，就认为家就是应该脏和乱。3、妈妈做淘宝工作，每天都在家里，认为衣服不用换，每天刷牙洗脸什么的也可以糊弄，孩子会认为妈妈从来不刷牙、不洗脸、不换衣服，还没有认这方面的认知，导致孩子认为自己也可以这样做。孩子没有正确的认识和指导，所以认为脏是正常的生活。喜欢这样的味道。

对此情况我知道家长：1、搞好家庭卫生。2、搞好个人卫生。3、给孩子一个好的学习环境，这个地方不用太大，但一定要安逸，干净。4、每天和孩子一起刷牙洗脸，让他体会到这是每天必须要做的事情，是一种习惯。通过这一指导，小闻在之后的生活中变得干净了，也穿上了干净漂亮的衣服，人也变得精神多了。有时还向我炫耀自己的衣服有多好看。看着他的变化我也很欣慰。

四、取得的效果及存在的问题

通过一学期的帮助和引导，小闻的表现是有目共睹的，由不会和同学玩到主动和同学们交往，上课经常出怪声到偶尔出怪声，意识到错了，及时改正。课上由原来不听讲扰乱课堂，到好好听讲，到上课发言。当自己遇到问题时也能及时提出。只不过，有些时候他还是很固执地不整理好东西不出去

做操，影响纪律，有些时候他也会不做清洁就跑掉了，还有的时候会不断追问老师，为什么不发奖状给他？为了更加深入走进他的世界，我多次跟他家长沟通，让家长多陪孩子，多给孩子创造语言交流的机会。让他能够和正常的孩子一样，在学校中健康快乐的生活。

"这个世界永远有丑陋和美好，关键是你怎么看。"让我们用宽容的心态悦纳他们，再特殊，再棘手的孩子也能转化。爱每一个孩子，他们会让我们在忙碌繁琐的工作中感到满足，感到幸福。

"翠竹苑"班级文化

班级	五（1）	班主任	姚冬	副班主任	穆野	时间	2015—2016

班级文化建设目标	总目标：做一名刚正不阿、朴实无华、孝亲敬师的好少年。 阶段目标： 1.建设具有班级特色、书香氛围浓厚、环境优美整洁的班集体。 2.竹，君子的象征，君子孝为先。本学年，我们班将以竹子为依托，围绕"孝"开展一系列的活动，让学生真正懂得"知恩报恩，孝亲敬师"。
班名	**翠竹苑班级** 　　在中国竹子与梅、兰、菊被并称为花中""四君子"，它以其中空、有节、挺拔的特性历来为中国人所称道，成为中国人所推崇的谦虚、有气节、刚直不阿等美德的生动写照。所以我和孩子们一起把竹子定为本班的象征。
班徽	做一名像竹子一样慈孝感恩、虚心文雅、高风亮节、坦诚无私、朴实无华的少年。
班植	**翠竹** 　　1.彰显五1班个性的"读好书、做君子"文化特质。 　　2.通过栽种培育竹子过程，让学生体会竹子坚韧的品质。 　　3.充分利用养竹育竹的过程，让学生感悟父母与老师养育培养他们的不易，知恩感恩。 　　4.让五（1）班每个孩子沐浴在灿烂的阳光下，通过学生小组合作共同陪伴竹子，培养学生团结、团队精神。
班训	最能团结、最能拼搏、最会学习、最会快乐。
班歌	《蜗牛》
班级公约	学风严谨　奋勇拼搏　心胸宽广　表里如一 尊师爱友　团结互助　自立自强　知恩图报 学风严谨　奋勇拼搏：班级学习气氛浓烈，为了自己的目标，坚持不懈地努力奋斗。

班级	五（1）	班主任	姚冬	副班主任	穆野	时间	2015—2016

班级 公约	心胸宽广　表里如一：海，又是那么宽容，随时都可以包容一切。实际上做人的道理也在于胸怀，只有拥有了宽广的胸怀，才会体验到"退一步海阔天空"的轻松和愉悦。在班级中与人相处要心胸宽广，体谅别人的难处，谅解别人的错处，关注别人的长处。 　　尊师爱友　团结互助：团结一致，同心同德，任何强大的敌人，任何困难的环境，都会向我们投降。团结就是力量，互助凝聚希望。让我们在 团结互助 温暖阳光的照耀下，共同创造属于我们的和谐班级。  　　自立自强　知恩图报：感恩是一种处世哲学，也是生活中的大智慧。一个智慧的人，不应该为自己没有的斤斤计较，也不应该一味索取和使自己的私欲膨胀。学会感恩，为自己已有的而感恩，感谢生活给你的赠予。这样我们才会有一个积极的人生观，总能健康的心态。 
班主任 寄语	播种一种行为，收获一种习惯;；播种一种习惯，收获一种性格;；播种一种性格，收获一种命运。播种一种命运，收获美好明天。愿你们做自己的主人，拥有美好的未来。

慈孝竹在孩子心中生根

姚冬

　　在中国竹子与梅、兰、菊被并称为花中"四君子"，它以其中空、有节、挺拔的特性历来为中国人所称道，成为中国人所推崇的谦虚、有气节、刚直不阿等美德的生动写照。所以我和孩子们一起把竹子定为本班的象征。以"竹"为载体，以"竹文化"为主体，通过开展有关竹子栽种、知识、趣闻等方面的学习和实践，突显竹的"君子"品质。竹，君子的象征，何又为君子？君子孝为先。所以我们班就以竹子为依托，围绕"孝"开展了一系列的活动。

对于孩子们来说，谁是他们最亲的人呢？毫无疑问，那当然是爸爸妈妈。父母不仅毫无怨言地养育他们成长，而且还给了他们纯粹无私、宽大无边的爱。所以，一个懂事的孩子，首先要懂得孝敬父母、感恩父母。俗话说"百善孝为先"，"鸦有反哺之孝"，于是我便在班级中开展了一次以孝敬父母，感恩父母为题的主题班会，班会中，孩子们通过诗歌朗诵表达对父母的养育之恩，能歌善舞的女生用她们优美的舞姿表达对负的关爱之情，父母们为了让孩子们能够更加地理解他们，自发组织朗诵文章《孩子，我为什么打你》句句真挚，行行感人。最后全体学生走到父母面前，抚摸父母那不在光滑却充满温暖的双手，拿出事先偷偷为父母准备的手套，亲自为父母带上，并对父母说说真心话。我看到微笑与泪水在父母的脸上同时出现，家长们高兴孩子的成长，感动于孩子的懂事。在这个过程中，感恩与孝心的意义在孩子们的心中又更深了一层。

不久后接到学校组织的"最美孝心少年"评选活动的通知，我突然想起了我们班那棵不起眼的"小竹苗"——希贤，在班会中他的父母没有来。通过了解我知道希贤一家从外地一个贫瘠的小山村进城务工已经好几年了，父母在离学校很远的小村子经营着一家小百货店，为了能够让希贤得到更好的教育，父母把希贤送到了离家很远的北京农学院附属小学，从二年级起希贤就开始独自一人去学校。无论天有多黑，希贤总能早早起床，不让父母为他操心。每当坐在通往学校的公交车上虽然没有父母在身旁，但是想到能让父母在寒冷的冬日能多睡会他就仿佛变得勇敢了。那次我对希贤进行了一次家访，那是12月的一天，放学后我与希贤倒了两趟公交车，终于到了他们家，那时天已经黑了，看着孩子弱小的身影，我的眼睛湿润了。希贤的家就是一个小小的杂货铺，平日放学回家后他就是在窄小的店铺里完成他的所有作业，没有先进的写字台孩子依旧可以写得一手好字，为了不耽误学习，希贤总是先完成作业，再帮妈妈搬货卖货，弱小的肩上扛起了全家的希望。当我拉起希贤的手，触摸他有些粗糙的小手，我真的体会到了生活过早得给予了这个10岁少年坚毅的品性。其实在他们这么小的年纪能为父母做什么呢，我认为孝顺、感恩是他们能够在这个年纪做的对父母最大的回报，这不正是一棵翠竹最本质的精神吗？这样一位把"孝"放在第一位的孩子，被学校推

荐成功评选为北京市"孝心少年"，希贤的事迹感动并激励这千千万万的学生，今年他又被评为北京市百名"美德少年"称号。

生活是一面镜子，希贤的事迹也触动着班级中的每一名孩子，孩子们自发向希贤学习。于是，我在班级的最前面为学生们开辟了一块小天地"寻找五一孝心小榜样"在这里孩子们用她们善于发现美的眼睛去寻找身边一切美好的事情，用笔记录，用心感受。在这个过程中孩子们知道了他们不仅要孝敬自己的父母亲人，老师像她们的父母一样值得尊敬孝敬。在3月9日那天我在这个小天地中又发现了一位小小孝心少年，小本中这样记录着：今天我来到教室之前，郝清已经在班级中，同时我也看到了摆在老师讲台前的一盒金嗓子，郝清告诉我，他发现这几天姚老师给我们讲课是声音总是哑哑的，于是他把家中的药给老师拿来了。听了之后我很惭愧，为什么我没有发现老师的变化，我要像郝清学习，去关心老师和同学，郝清是我们学习的榜样。

真实的故事，朴实的语言。当我把小故事读给全班听时，我从他们的眼中看到了他们在思考。之后陆陆续续我在小本中发现了一个又一个小小孝心少年。我从中感受到了孩子们真的长大了，他们知道爱父母，爱亲人，爱一切关心他们的人。

"羊有跪乳之恩"。我们中华民族历来提倡讲孝道。孩子们一点一滴的成长都离不开父母的培养，滴水之恩，当涌泉相报，其实孩子们的成长就好像一棵竹子一样，如果不剪枝修理，不勤换清水，任其自由发展，那么，将来能够成材吗？所以我们以竹为依托，让孩子们真正发自内心的去感受"孝"的真谛。

"兰芷之室"班级文化

班级	五2班	班主任	刘美华	副班主任	赵飞	时间	2015—2016
班级文化建设目标	总目标：先学会做人，做谦谦君子，再做学问。 阶段目标： 1.建设具有班级特色、书香氛围浓厚、环境优美整洁的班集体。 2.君子兰，代表高贵，有君子之风。君子谦谦，温和有礼，有才而不骄，得志而不傲，居于谷而不自卑。希望同学们成为温和有礼，不骄不傲，有骨气的君子。						
班名	兰芷之室 　　兰、芷：两种香草。用来比喻良好的环境。亦作"芝兰之室"。君子兰，代表高贵，有君子之风，希望班里的孩子们在我们自己创建的良好的班级氛围中，能够健康快乐成长的同时，成为温和有礼，不骄不傲，有骨气的君子，所以经过我们班的一起商量探讨，最后决定就叫这个兰芷之室。						
班徽	 　　君子兰，代表高贵，有君子之风。君子谦谦，温和有礼，有才而不骄，得志而不傲，居于谷而不自卑。君子兰以文雅、俊秀而得名。叶片厚实光滑直立似剑、艳丽的花朵，象征着坚强刚毅、威武不屈的高贵品格。 　　所以，设计为文雅君子，形象雅致坚毅，以君子兰叶片变形而来的服装、腰间悬挂的君子兰花朵、以及扇子和发冠等均显君子兰植物象征。不仅加强了形象的代表性，更加强了文雅刚毅的意味。希望同学们成为温和有礼，不骄不傲，有骨气的君子。						
班植	君子兰 1.君子兰那厚实光滑的叶片直立似剑，象征着坚强刚毅、威武不屈的高 贵品格；它丰满的花容、艳丽的色彩，象征着富贵吉祥、繁荣昌盛和幸福美满。 　　2.君子兰，代表高贵，有君子之风。君子谦谦，温和有礼，有才而不骄， 得志而不傲，居于谷而不自卑。希望同学们成为温和有礼，不骄不傲，有骨气的君子						
班训	天行健，君子以自强不息；地势坤，君子以厚德载物						
班歌	《我的未来不是梦》						
班级公约	团结活泼　健康向上　奋勇拼搏　自强不息 　　团结活泼　健康向上：一个优秀的集体，它要具备如下几个优点：成绩优秀、心理健康、勤学文明、活泼向上、团结友善。然而最重要的，就是要团结。集体是一个大家庭，我们每个人都是其中一分子。团结、互助、友爱是人生必不可少的道德品质，只有拥有这种优秀的品质，我们才能有机结合起来，担当起建设祖国的重任，社会才能和谐发展。　几个人合作做一件事，就必须要团结。只要每个人都用真诚去面对这个集体的每一个人，学会谦虚，学会倾听，学会冷静，在必要的时候						

班级	五2班	班主任	刘美华	副班主任	赵飞	时间	2015—2016

班级 公约	让步，风雨同舟，同甘共苦，有福同享，有难同当。 让这个集体里的每一个人，都感觉到温暖。彼此互相帮助，共享微笑与泪水，这样才是一个团结的集体！团结就是力量，互助好比翅膀，友爱产生动力，和谐铸就辉煌。虽然我们每个人不是最优秀的，但我们在一起努力，就会成为一个优秀的集体 。  　　奋勇拼搏　　自强不息：我们每个人都有自己的目标，我们的班级也有我们的大目标，在我们实现目标的路上，必然会遇到一些或大或小的困难。但是我们要实现目标，要强大自己必须要通过坚持不懈的努力；一个人的处境即使再糟糕，但是通过持之以恒的努力和付出，去努力的拼搏，也可以成就一个强大的自己，若想强大自己，必须坚持，不放弃努力。达到仁者爱人，厚德载物，自强不息的境界。 
班主任 寄语	今天，你们是蜜蜂，在知识的花园中辛勤采集，明天，你们就会奉献出甜美的醇浆;今天，你们是幼苗，汲取雨露和阳光，明天，你们就是建设祖国的栋梁。你们是未来，是希望。我们一定要记得：先学会做人，做谦谦君子，再做学问。

你是我的君子兰

刘美华

　　对孩子的教育是不停的、不间断的，因材施教是我们教师坚持不懈，为之付出的使命。

　　每天午饭后都会发现林述闻要"失踪"一段时间，同学们告诉我，林述闻把上次去农业嘉年华买的君子兰盆栽移植在了楼下的草地上，他每天要去看看君子兰长得怎么样。原来是这样，我不禁的想：这个顽皮的小孩，难道他内心那份柔软就是他所精心爱护的植物吗？于是，在第二天的午饭后，我在教室和闻闻进行了简短的对话。

　　师："闻闻，吃完饭记得先做值日啊。"

　　闻闻："老师，我想先看看我的君子兰，看看他们需不需要浇水。"

　　我装作不知道的样子"君子兰？什么君子兰？"

　　闻闻："我上次在农业嘉年华买的君子兰盆栽，我把它种在了楼下，它长大了。"看到出他那高兴劲儿。

　　师："能让老师也看看嘛？"

　　闻闻："可以，他马上就会长大的。"

　　我和闻闻一起来到了楼下，闻闻高兴的向我介绍他种的君子兰，眉飞色舞的样子，让我感受到了他对君子兰的付出。我抓住机会，对这个调皮的孩子进行了教育。

　　师："闻闻，你每天这么辛勤的照顾君子兰，你希望他未来成为什么样呢？"

　　闻闻："长大，开花，开出漂亮的花。"

　　师："闻闻，其实老师和你的父母就好像现在的你，你就是我们心目中的君子兰，我们教育你，帮助你，就是希望你可以像君子兰一样茁壮成长。"

　　闻闻若有所思地低下了头，从孩子的沉默，我看出了他的成长，这沉默是可贵的。其实，每个孩子都是善良的，每个孩子都是可塑造的，只要我们蹲下来和孩子交流，走进他们的世界，就会发现不一样的他们，帮助我们引导他们更好的成长。

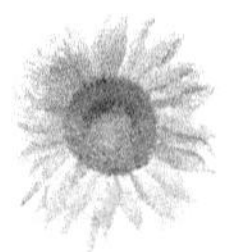

"蒲梦园"班级文化

班级	五（4）	班主任	卢新元	副班主任	郑彬彬	时间	2015—2016

班级文化建设目标	总目标：智信仁勇 阶段目标：1.做智慧少年，学会学习。 　　　　　2.做诚信少年，践行诚实。 　　　　　3.做仁爱少年，团级互助。 　　　　　4.做勇敢少年，追求梦想。
班名	蒲梦园 　　从二年级开始接触这群活泼可爱的小宝贝，在随后两年多的相处中，我从他们身上感受到了一种自由勇敢的逐梦精神。这种精神和蒲公英的品质相契合，所以我们的班级被命名为"蒲梦园"。
班徽	背景是温暖的阳光和抓着蒲公英飞翔的小朋友，阳光象征着阳光回龙观二小，蒲公英是我们班级的精神，那一个个小朋友就是我们班同学的化身。整个班徽象征着我们在阳光北农附小这个温暖的大家庭里，乘着蒲公英，自由翱翔。
班植	蒲公英 　　1.蒲公英分布广泛，田野、路旁和山坡、屋前屋后都有生长——顽强，坚持（顽）； 　　2.蒲公英的种子会随风传播——顺应儿童生长的天性，自由追逐（玩）； 　　3.蒲公英呈现紧密的一团的状态，给人一种凝聚的美感——团结（丸）； 　　4.蒲公英的飘荡不是漫无边际，是为了寻找更好的土地生长——对自己有要求，向着理想和更完美的方向飘荡（完）。
班训	鸿鹄高翔，一举千里。 天道酬勤，唯我四班。
班歌	《蒲公英的约定》
班级公约	顽 玩 丸 完 顽：即顽强——坚持。 　　小学阶段是习惯养成阶段更是性格塑造的关键时期。意志坚强的人，对自己行动的动机和目的有清醒而深刻的认识。正因为如此，在困难面前，才不会退缩和逃避，而是迎难而上，勇往直前。意志坚强的人，能在复杂的情境中冷静而迅速地判断发生的情况，毫不迟疑地采取坚决的措施和行动。处事果断可以帮助他们在身外逆境时打开另一扇人生之窗。意志坚强的人，在碰到挫折和失败的时候，可以调节自己的消极情绪，控制自己的言行，灰心、不气馁、不焦躁。面对胜利和成功，不骄傲、不自满。意志坚强的人，能够以顽强的精神、百折不挠的毅力，战胜挫折和困难，实现自己的目标。

班级	五（4）	班主任	卢新元	副班主任	郑彬彬	时间	2015—2016

班级
公约

　　玩：即玩耍——尊重孩子的个性，释放孩子的天性。

　　我们必须尊重学生的自主性，自主决定结果的呈现方式。只有他们自己决定的呈现方式才是学生内心对活动的感受的一种真实反映，更是一种真实情感的自然流露。鼓励学生发挥自己的个性，施展自己的才能，说出自己的特色，让展示活动闪耀着创造火花的个性，闪耀着灵动的个性，而不是千人一面，千篇一律。

　　丸：即丸子——团结互助。

　　团结，是由多种情感聚集在一起而产生的一种精神。团结并不只存在于志同道合中。想要成为一个团结优秀的集体，只需要我们都用真诚去面对集体中的每一个人，让这个集体里的每一个人，都感觉到心灵的温暖。如果一个团队没有团结的精神，那么这个团队就不能称之为团队，只是志同道合而已，团结是成功的基石，没有团结就不会有理所当然的成功，这是千百年来不变的道理，团结就是力量。

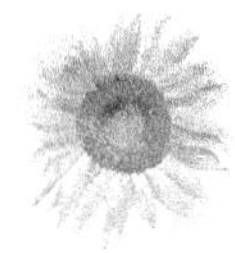

班级	五（4）	班主任	卢新元	副班主任	郑彬彬	时间	2015—2016

班级 公约	完：即完美——追求进步，积极进取。 　　不要用忧郁的乌云挡住你如水的双眼，美丽的眸子在快乐的阳光之下更能绽放异彩。人生的旅途中难免会有些挫折和悲伤，但这就是人生，这些挫折和悲伤不也正使生活变得有滋有味，五味俱全吗？所以，就用快乐的心态面对这一切，以快乐的心态善待生活。就像普希金说的一样："一切都是瞬息，一切都将会过去，而那过去了的，就会成为亲切的怀恋。" 以快乐的心态善待生活，直到有一天，你会发现生活真美好！
班主任 寄语	亲爱的蒲公英宝贝们，希望你们面向阳光，笑靥如花，勇敢追梦，健康成长。

身体和心灵总有一个在路上

卢新元

　　作为一个刚刚走上工作岗位的年轻老师，从接班开始我就思考要把我们班打造成拥有怎样氛围的集体？我应该在班级管理中担任什么样的角色。这一路想了很多，也否定了很多。最终经过两年的时光历练，老师、学生和家长三者齐心协力，逐步确立了以"读万卷书、行万里路"为主旨的管理方针。

一、读万卷书

（一）语文课带来的启示

　　二年级的时候，我们班第一次开设绘本课，选择的书是《活了一百万次的猫》。草草的读了一遍，我并没有什么特别的感受。我们班一个平时不善言辞孩子和我说，读完了这本书，他感悟到"没有真正的爱过就没有真正的活过"。就是这样一个瞬间让我坚定了一定要在班级里开展读书活动的决心。读

书可以为孩子们打开另一扇大门。推开这扇门可以看到美好的景色，可以是探索奇妙的科学世界。最重要的是读书有一种直抵本真的心灵的力量。

后来又学习了一篇略读课文叫《乌塔》。讲的是一个十四岁的德国小女孩独自一个人游欧洲。这篇简单的略读课文在我们掀起了一阵热议。从他们的眼睛中我看到了对远方对未知世界的无限向往。我突然想到了大学时候我非常喜欢的一句话：身体和灵魂必须有一个在路上。我们的班级文化为什么不围绕着读书和旅行展开？有了这样一个想法，我和我们班的家委会成员展开了一系列的讨论，并最终敲定了"读万卷书，行万里路"这八个字。

读万卷书：是指要努力读书，让自己的才识过人。行万里路：是指让自己的所学，能在生活中体现，同时增长见识，也就是理论结合实际，学以致用。读书可以彰显书香文化的特质，为孩子们创设素质展现的平台。旅行可以让孩子们呈现个性发展的轨迹，迸发追寻梦想的力量。

（二）国学展示"后遗症"

在两年的读书过程中，最难忘的一个瞬间就是参加昌平区中华诵经典诵读比赛活动。一个十分钟的的国学展示节目，如何把孩子们这两年阅读经典的底蕴展现出来，我又纠结了很久。最后我们选择了西游记中三打白骨精、孔子拜师还有我们自己创作的一段话说汉字串联了整个节目。经过两个月课余时间的彩排，取得了特等奖的好成绩。有两个很小的点给我留下了印象，一个是出去表演前，孩子们化好了妆，在楼道里乱跑，兴奋的给别的班的孩子说，他们要去表演。从他们"得瑟"的略带兴奋的脸上，我觉得读书给他们提供发了展现自我的广阔舞台。还有一个点，发生在前不久的期末复习时候。要为一个词语选择读音，怒发冲冠。孩子们迅速的做出了选择，还兴奋的说这是那次表演的时候谁谁谁说的一句台词。原来这次活动在在他们心里镌刻下了如此难忘的印记。

（三）写给卢老师的信件

通过一段时间的积累，我们班在阅读量上产生了一定的积累。孩子流露出对书信体裁的浓郁的兴趣，尤其是阅读了冰心寄小读者还有加西亚的回信。这时候我适时的引导他们。愿不愿意和老师进行互动，和老师交流下，你读过的书和读书心得。在随后的一个月中，陆陆续续收到了28封信。看着他们精心挑选的信纸，还有他们细腻的笔触，伴随着他们的真情流露，我也很受感动。我在我们的班级微博上，认真的给他们进行了回信。我们班有些家长也加入到了写信的行列，他们感叹说好回忆那种久违了的亲切感。是读

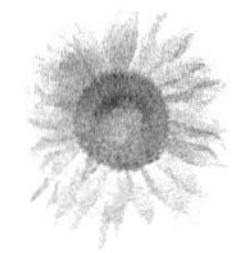

书拉近了人和人的距离，我们温暖了彼此。

（四）绽放华彩的读书节

今年我们迎来了我们学校的第一届读书节。在开幕式前一周曹老师找到我们班，希望我们表演开幕节目。我们将曾经读过的《犟龟》改编成了舞台剧。同学们穿戴着活灵活现的小动物的服装，瞬间情绪高涨。小兔子的表演者一路蹦蹦跳跳，实在活泼可爱。表演智者乌鸦的孩子，将乌鸦的形象模仿的惟妙惟肖。表演狮子王和王后的孩子，脸上威严的神情叫人难忘。最震撼的是，全剧终的时候所有孩子高呼：只要上路，就会遇到隆重的庆典。我感受到他们身上拥有了我一直期待他们具有的那种自由勇敢逐梦的精神。

二、行万里路

（一）石景山游乐园：两个胆小鬼在一起

提到了 "上路"。我也想和大家分享下我们班班级文化的另一个部分。行万里路。我非常喜欢那张，我搂着刘宇恒照的这张照片。这是在蟹岛，从海盗船上下来的时候拍的。当全班孩子为坐海盗船这件事欢呼雀跃的时候，只有两个人面无表情，一个是我一个是刘宇恒。刘宇恒是班里公认的胆小鬼，读书的时候也是公认的胆小鬼。但是本着一个都不放弃的原则，我和他还是上了"贼船"。坐在对面的郑老师兴奋的嗷嗷叫，刘宇恒和我在对面飙泪，吓得嗷嗷的。下来之后，觉得脚踏在地板上的感觉真好。这张照片就是下船后的留念。再后来的去乡居楼，去天漠活动中。刘宇恒越来越勇敢了。一次小小的出游把他带上了勇敢者的轨迹。

（二）乡居楼：体验田园生活的悠然意境

乡居楼算是我们班开始集体出游的一个起点。在那里孩子们和小动物亲密的接触，在那里他们齐心协力从井里打了一桶水，在那里他们认真的观察田里的水车是怎么转动的。行走在乡居楼的乡间小道上，我们远离了城市的喧嚣，静下心来体会静谧的乡村生活。这学期当我们学习到《四时田园杂兴》等歌颂乡村生活的古诗时，孩子们越发的兴奋，因为他们真切的感受过那样的生活。所以读书和旅行不是割裂的部分，我们运用我们的智慧寻找给孩子们带来收获的目的地，更要运用心灵和孩子们每一次都有新的感悟。

（三）宁化凤凰古城：亲手抚摸历史的脉络

宁化古街在很多人眼里就是一条破破烂烂的街。凤凰古城就是一截古老

的城楼。但是当成群结队的孩子行走并且触摸的时候，我觉得意义变得不一样了。看着他们和摆地摊的人侃价，看着他们认真的看着介绍词，看着他们围着团团跑，我有一种油然而发的欣慰。我问张羽涵，你从这个城楼看出了什么。她头头是道的给我分析，是怎样看起来像凤凰的，还煞有介事的告诉我，她到了时间流逝的痕迹。我问她是怎么看到的，她说用手摸那个城楼上的砖凹凸不平，是时间走来走去留下的脚印。这个回答让她妈妈和我，很震撼。我们丧失了一种敏锐，对一些美好的东西反而比孩子还迟钝。旅行唤醒了沉睡在孩子灵魂深处的巨人。

（四）天漠：根植一种精神叫"在路上"

天漠之行更是收获良多，看着他们从高高的沙堆上滑下来，原来他们每个人都是勇者。看着他们聚在一起讨论游戏的方案，他们每个人又变得有勇有谋起来。他们在黄沙中自由的奔跑，我觉得他们就是在广袤的世界，无垠的精神世界在奔跑。柳沟，白水河等等都留下了我们的脚印，通过一连串的马不停蹄的亲子游，我们将在路上的精神潜移默化间投射到孩子们身上。

以上就是发生在我们班这两年间的小故事。

"欣欣六一" 班级文化

班级	六（1）	班主任	梁田	副班主任	谢文思	时间	2015—2016

班级文化 建设目标	总目标：创建阳光、团结、顽强、奋进的班集体。 阶段目标：1.培养责任意识，形成团结友爱班风； 　　　　　2.培养自主管理能力，学会主动学习； 　　　　　3.品学兼优，做阳光少年。
班名	欣欣六一 　　从四年级接手一班，看着可爱的孩子们，他们的阳光与活力，就像春天的小树苗，让我从心底期待，他们能够欣欣向荣、茁壮成长，将来，回报社会，成为有用之才。于是我和孩子们一起商量探讨，最后决定就叫这个温馨的班集体——欣欣六一。
班徽	班徽是一棵结满各种果实的树，粗壮的根枝，源源不断地输送着大树成长所必需的营养，代表着农学院附小；树干上的啄木鸟是老师，为大树的健康成长护航；这棵神奇的大树，结出丰富的果实，代表着我们每个成员都是唯一，在未来，都将有所收获。
班植	玻璃海棠 　　1.玻璃海棠四季开花，看上去温柔、甜雅，点缀在班级环境中，观赏效果极佳——美观； 　　2.玻璃海棠喜阳、耐寒，甚至能在零下十五度的环境中生存，有顽强的生命力——顽强； 　　3.玻璃海棠生长周期虽长，却对给水量要求非常严格——细心观察、培养责任感、学会等待、尊重规律； 　　4.玻璃海棠的花开起来是一簇一簇的，就像我们班的每一位同学一样，紧密的团结在一起——团结。
班训	团结友爱、文明有礼， 博学进取、自强不息。
班歌	《团结就是力量》

班级	六（1）	班主任	梁田	副班主任	谢文思	时间	2015—2016
班级 公约	课前准备不能少，铃声响后静息好；  专心听讲勤动脑，作业工整按时交；  室内室外不追跑，小声交谈不吵闹；  穿戴整洁勤洗澡，教室卫生勤打扫；  课前准备不能少，铃声响后静息好；						

班级	六（1）	班主任	梁田	副班主任	谢文思	时间	2015—2016

刻苦锻炼身体好，保护视力不能少；

同学之间要宽容，对人真诚有礼貌；

阳光少年共成长，齐创六一新风貌。

班主任寄语

　　孩子们，你们知道吗？你们的快乐是老师最大的快乐，你们的幸福是老师最大的幸福！老师愿用真诚的爱与你们的心灵对话，努力营造一个有利于你们个性发展的学习环境，让你们在"阳光、团结、顽强、奋进"的班级氛围中茁壮成长！

　　老师希望你们记住：进入状态，学习就是享受；心情浮躁，闲着也是痛苦。让我们共同努力，用我们的双手托起人生中美好的明天！

不是意外的收获

梁田

　　"梁老师，西红柿结果子了！"

　　"真哒？！"

　　"真的！俩！一大一小！"

　　望着满面春风，特意跑回来告诉我喜讯的孩子，我立刻放下手中的工作，随他一路下楼，见证我们的收获。

　　到了我们的欣欣六一种植园，五六个孩子分两堆儿守在果子旁边，一个个的小脸儿都乐开了花。虽然是正午，虽然他们每天在这里度过的时间不足半节课，但是我想，他们的心里，现在一定比周末享受完惬意的午睡还舒服。

　　我走近那青涩的果子，忍不住用食指指肚儿轻轻的抚过，像对待新生的婴儿那样，果子结实的触感一下子把我的思绪拉回到了三个月前，恍惚中我似乎看到了随着果实的成长而收获了一份份惊喜的到来。

　　记得是在开学初的时候，学校决定组织开展"阳光生态"班级文化建设活动。我非常高兴，因为每每组织集体活动的时候，孩子们的兴趣一旦被调动起来，班级中暴露出的问题，就能够利用活动的机会，更自然更顺利地解决。我总喜欢把这一过程美其名曰：乘风破浪！

　　在活动开始时，我按照惯例将选取"一班一品"的植物，作为周记留给了孩子们，希望他们集思广益。周一上午，孩子们每人都上台来说出了自己的想法，一个个有理有据，慷慨激昂，很是兴奋，大家都期待着自己推荐的植物可以得到桂冠。最终，经过理智思考和民主投票，因"玻璃海棠花"观赏效果佳、品质顽强、象征团结等诸多优点，高票当选为欣欣六一的一班一品。

　　下午的班会课，就要把时间留给孩子们确定自己小组要栽种的植物了，一切似乎都进行得稳妥有序。

　　就在班会课上，当我一声令下：开始讨论！孩子们迅速地投入到了激烈的说服战中。然而，一个与大家状态份外不和谐的身影映入我的眼帘。小忆，他在看课外书。不是偷偷摸摸的，而是一脸轻松，大大方方的。这要是放在平时，我还得夸夸他的坐姿好呢。可是现在，这好像不太对呀！小忆是个比较沉默的孩子，平日无论楼道里人多人少，都习惯溜墙根，有时，要是

在窄窄的地方遇到老师，他宁愿像壁虎一样趴在墙上，也不和人打招呼。但从他回答语文问题的内容上看，他绝对是个有主见，也听话的孩子。今天这是怎么了？

我单独把他叫到面前来询问，孩子很是坦诚：梁老师，我可能要转学，感觉讨论这个，没有意义。我心里暗暗惊叹：要是一个孩子的心脱离集体，那是多么可怕的一件事，自己封闭自己，不光会使自身消极、甚至与集体对立，那种事不关己的态度，也一定会影响到班里的其他人。我很在乎！

客观事实是开展工作的基础，家长配合是成功的关键因素！

首先，在当日，我和孩子爸爸确认了关于转学一事的态度：原来只是有个别政策不清晰，因为最近忙，没有打电话确定下来，才和孩子说了模糊的话。我向他说明了孩子的状态，告诉他，孩子心理健康在成长过程中的不可逆转性，小忆爸爸表示，一定重视，马上弄清楚，同时配合学校好好引导孩子。

被需要，很重要！

同时，充分利用这次班级文化建设的活动，鼓励小忆主动走向集体。我经常和他闲谈，或者故意请他帮我查一个资料，也会在全班同学都在时，请他帮忙去办公室拿一下东西。慢慢地，他的名字在同学耳朵里出现的次数多了，他的身影也不再只是待在那一方课桌椅旁；他查的资料，因为都是我调查了在即将开展的亲手耕种中，学生容易出现的疑惑，所以，他的"先知"，使他成为一个抢手的资源！即使现在的他不是主动走到别人身边，但是我相信，小忆所体验到的"被需要"，是很幸福的。

环境熏陶促成长——榜样，就在身边。

从古时的"孟母三迁"到"近朱者赤近墨者黑"，再到今天的"环境出人才"，无不证明了环境文化的重要性。所以，当所有小组的花盆里生机盎然，而第七小组的花盆里毫无动静时，班上同学自愿组成志愿小队，对第七小组的植物进行救助；班级外的园田存在"浇水难"的问题，班长王卫一和卫生委员王常江，身先士卒，成功"建设"了"常卫水渠"；学校举行全国体育联盟"课课练"展示活动，新鲜而富有挑战的十个项目，没有人抱怨，也没有人打退堂鼓，积极出言献策，分工负责动作要领，个个当起小教练、小老师……

到现在，我也不知道那志愿小队成员都有谁。但是我看到小忆主动带到班级的保鲜膜，供大家无偿使用；稀释好的花肥水，成为同学们称赞最多的神奇话题；每天中午一到种植园浇水时间，总能在那里看到小忆的身影……

当然，小忆家长无私地协助，也成为同学们心中的榜样。

日子，就这样平稳而精彩地度过！

这就是我的六一班，欣欣向荣的六一班。每个人都在这个温馨的大家庭里，不断发掘自己的潜能，尽情地展示自己的个性；虽然年少，但充满自信；虽然稚嫩，但勇于拼搏。

我坚信，生动活泼的班级文化氛围能使师生心情愉快，能激励学生主动、健康的成长，能够带来更为人文的生命关怀。

如果说教育就是一棵树撼动另一棵树，一片云影响另一片云的一种力量，那么成为一个班主任带给我的是一种灵魂上的震撼。反思长期以来的班级管理，感触颇深：

一切，从赏识开始。著名教育家斯普朗格曾经说过："教育之为教育，正在于它是一个人格心灵的唤醒，这是教育的核心所在。"我面对的孩子，是有情感、有尊严的人，我们应该尊重，并在他们需要的时候，帮助他们。学生对老师的无限信任，正是以我们平等的态度与亲和的爱为基础的。我始终坚信，影响比改变更重要。

在他们即将毕业的三个月里，我们仍将相亲相爱，团结奋进，用更加坚实的步履留下让我们引以为豪的足迹，展示我们独特的风采！

"红掌" 班级文化

班级	六（2）	班主任	金倩	副班主任	刘蕾	时间	2015—2016

班级文化 建设目标	总目标：做人做事要充满阳光、热情、自信 阶段目标：1.内心充满阳光、充满希望 　　　　　2.热情地对待每一件事 　　　　　3.充满自信，找回自己
班名	**红掌班级** 　　通过我们反复地开班会，最终我们班的班名确定为红掌班级，它的寓意是：阳光、自信、热情。用孩子们的话说，这正是我们缺少的，也是我们必须要具的备，所以我们最终制订了班名为"红掌"班级。
班徽	**红掌班级** 孩子们自己设计的卡通红掌形象。
班植	红掌 红掌的寓意：阳光、自信、热情 　1.红掌喜欢朝向阳光生长，就像我们每位学生要做阳光人，行阳光事，内心充满阳光，充满希望。 　2.红掌又叫火鹤花，顾名思义，花朵色彩艳丽，成火焰色，它那热烈、热心、热情正是孩子们需要学习的。 　红掌的花序螺旋状卷曲，姿态挺拔，风姿楚楚，给人以充满自信的感受。
班训	团结拼搏、力争上游 飞越梦想、展现自我
班歌	《阳光少年》 童话里的世界五彩斑斓 雨露下的花朵扬起笑脸 我们是阳光少年 快乐地成长在美丽的校园 我们用歌声许下心愿 我们用智慧描绘诺言 啊 亲爱的校园

班级	六（2）	班主任	金倩	副班主任	刘蕾	时间	2015—2016
班歌	我们梦想的起跑线 从你的怀抱里 我们走向灿烂的明天 春风里的小树越长越高 蓝天上的鸽子越飞越远 我们是阳光少年 在知识的海洋里扬起了风帆 我们用歌声许下心愿 我们用智慧描绘诺言 啊 亲爱的校园 我们梦想的起跑线 从你的怀抱里 我们走向 灿烂的明天！						
班级 公约	阳光、热情、自信 1.清晨早到者，开窗通风换气，以保持教室空气清新。 2.不迟到不早退，有事请假。 3.两分钟预备铃响，开展与学科有关的小活动，或吟诵，或背诵，或唱歌，有秩序地等待老师上课。 4.课堂上坐姿端正，积极思考，大胆发言，并作好相关的课堂笔记。 5.课后做好复习工作，按时、独立、认真地完成作业，字迹端正，及时订正。 6.在校尊敬老师，遵守学校的一日常规，不吃零食，文明休息。 7.爱护学校一草一木及公共设施，损坏应赔偿。 8.认真参加学校及班级组织的各项活动，努力为班级争光。 9.认真参加每次大扫除活动，保持教室内外的整洁。各小岗位人员负责好本岗位工作。 10.晚走者必须关好门窗、电灯及饮水机。 11.积极参与班级管理，努力献计献策，争当班级小能人、小主人。						
班主任 寄语	播下一个行动，收获一个习惯； 播下一个习惯，收获一个性格； 播下一个性格，收获一个命运！						

做一名像红掌一样阳光、热情、自信的人

金倩

一、做一名内心充满阳光的人

开学初孩子们都从自己家里拿来了一些花，大家齐动手一起布置教室，让教室里光秃秃的窗台有了生机。过了一个月我们发现其中的一簇水竹叶子越

来越黄大家都很着急，很多同学都回家查
阅了有关资料，方法虽然多，但由于我们
的不专业，那簇水竹依然没有得到改善，
大家都灰心了，甚至有的同学想放弃了。
直到有一天，李主任看到我们奄奄一息的
水竹，告诉了我们原因，原来是我们把所
有水竹都泡在了一起，由于营养不够，所
以他们的长势不好，于是我们把水竹分开

泡养，并且勤换水。我们每天观察，水竹仿佛充满了能量，两个星期后，水竹
奇迹般的活了。同学们非常开心，大家说，幸好我们没有扔掉它。是啊！只要
我们内心充满阳光，充满希望总会有收获。

二、做一名内心充满热情的人

孩子们在做事情的时候总是没有热情，过且过。得开学初，我们班孩
子做值日很拖拉，而且还做不干净，第二天一早我来到教室发现，地面一片
狼藉，笤帚乱放，垃圾也没扫干净，窗户不关，电脑不关，盆里的脏水也没
有倒，于是我就想起张洁老师教过我们一招，抓住机会教育孩子们认真做值
日。我把教室里不干净的画面拍成照片，然后等我收拾干净，再在相同的位
置拍张照片，做成ppt。利用早读的时间我跟大家说，咱们今天万做一个游
戏，孩子们异口同声："好。"游戏就是找不同，有的孩子说玩过，有的说
没玩过。我说："那咱们就一起来玩，"当他们看到第一张ppt的两张照片时
候，有的孩子说，有个脸盆里的水很脏，另一个脸盆里的水很干净。又看了
第二张，孩子们明显声音变小了，其中一个孩子说："老师这是咱们班教室
吧。"但游戏还在继续，到最后，我们知道了教室之所以这么乱是每个人的
责任。问题发现了，大家一起解决吧，我们开始总结做值日都有哪些任务，
如：扫地、倒垃圾，摆桌子，配消毒液等。每个任务都落实到每个人。组长
根据个人能力，分好任务。为了让大家记得自己的任务，孩子们还想了一个
办法，用纸记上自己的任务，贴到课桌上，知道自己记住后，就可以撕掉。
为了让大家养成这个习惯，我每天都会看着孩子们做值日，就这样我们改掉
了做值日拖拉的毛病，现在五分钟就能就能做完值日，并且很干净。这让孩
子学会了要热情对待每一件小事，用心做事才能做好。

三、做一名充满自信的人

1.我们的红掌精神最重要的不仅是阳光，还要有自信。我就利用语文课上，小组合作帮孩子们找回自信。孩子们在小组汇报的时候，总是声音小、仪态不够大方、眼神不够坚定。于是我就针对这些开始培养孩子们的自信。首先我跟孩子们说，你要明确你的身份，站到前边就是老师，既然是老师说话语气要坚定，让大家信服你。站姿要大方。最后眼神不能漂浮不定，你在向大家汇报，你的眼睛要注视大家，表示出你的真诚。这样长期训练后，汇报的同学自信心增强了。

2.其他同学听别人汇报时应该怎样做才能让台上的同学更加自信？那就是为台上的同学认真倾听，才会给汇报的同学增加信心。我认为倾听分几个层次：首先，就是用你的眼睛去看向汇报的人，不能东张西望，要充分的尊重别人。第二，再看别人的同时，脸上的会出现一些微表情。比如：你的一个微笑，代表着你对别人的肯定、赞许，你的皱眉可能是你对这个知识不解或存在疑义。总之这样的微表情让汇报者更加心中有数。第三，在认真听的同时，还要带着思考，当别人在汇报的同时，其他人还要进行补充，纠正。只有这样倾听，才说明充分尊重台上的同学，使他们获得自信。

其次为了提高孩子们的自信，增加他们上台的机会，利用每周举行一次朗读比赛，上台读作文和讲故事等活动，使孩子获得他人认可的机会，增强自信。

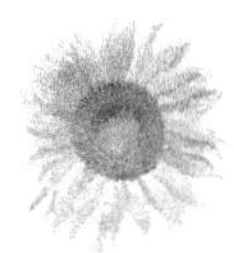

第二章　阳光活动润泽学生幸福童年

做一名遵守规则的阳光少年主题活动

颜志耘

一、指导思想

以全面实施素质教育为核心，以"阳光教育"为依托。践行社会主义核心价值观，通过多种途径进行全员德育，并建立全方位、立体育人的新理念，培养雅行自信，健康快乐的阳光少年。

二、工作目标

利用晨午检，班会课、中午畅读等时间以及学科活动时间对学生进行遵守规则的常规教育，引导学生做一名践行社会主义核心价值观、学会做人，做一个遵守规则的雅行自信的阳光少年。

学习雷锋好榜样　争做北农附小阳光少年

颜志耘　付春晓　赵慧超　金　倩

在春意盎然，生机勃勃的三月，我们三年级组在学校"阳光教育"德育模式的引领下，切切实实践行社会主义核心价值观，对活动提早进行了详细的计划、周密的安排，使年级里掀起了学雷锋，树新风的良好氛围，使孩子们都能踊跃参加，使学雷锋活动更加有特色、更加有吸引力，更有实效性。

这次活动我们分为了三个阶段进行。

第一阶段：学科巧整合，走近雷锋，了解雷锋

为了让学生更好的了解雷锋事迹，把握雷锋精神时代特征，我们以大队部号召的"学雷锋"为契机，组织、开展了一系列的活动。利用中午、班队会等时间组织学生阅读有关雷锋的书籍，让孩子在书的海洋里汲取精神粮食，感受、了解雷锋的精神。

全神贯注读《雷锋》连环画

充分利闱班会课，组织学生观看中央电视台拍摄的关于雷锋的纪录片，播放《雷锋》的电影，了解历届党中央领导人为雷锋的题词和对雷锋的评价，知道雷锋精神是中华民族传统美德的一种积淀，是一种随着时代进步而不断发展的与时俱进的精神。

认真观看《雷锋》电影和纪录片的孩子们

　　还进行了学科整合，和同组的音乐老师一起组织学生学唱学习雷锋的相关歌曲。嘹亮、优美的《学习雷锋好榜样》的歌曲在高尹泽老师的指挥下，在刘洋老师钢琴的伴奏下响起在宽阔的阶梯教室，回荡在北农附小校园的上空，雷锋精神友善待人、全心全意为人民服务，把有限的生命投入到无限的为人民服务中去的精神，那种干一行爱一行，立足岗位艰苦奋斗的敬业精神，那种对同志、对群众像春天般温暖，舍己为人、助人为乐的精神也印进了学生的心海。

在音乐老师的组织下《学习雷锋好榜样》的歌声嘹亮

　　和语文，美术、书法课整合，让学生用钢笔写雷锋格言，还开展了做手抄报，写读后感，写雷锋格言的活动看着孩子们一张张内容丰富，设计新颖，精美的手抄报，

内容丰富，充满童趣的手抄报

　　一篇篇发自内心，语言质朴，真实感人的读后感，还有自己制作的书写工整的学习雷锋的小卡片和小书签，我们知道雷锋精神已经扎根在孩子心中了。

孩子们书写的雷锋格言让雷锋之树常绿 ，雷锋之花常开

　　我们还通过飞信平台和微信，在家长群里宣传雷锋精神，希望通过家校合作。

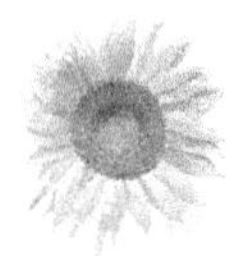

学雷锋活动走进社区

让孩子们在社区宣传雷锋精神，让家长和学生一道在社区组织雷锋系列诗歌的朗诵活动。这样的亲子学雷锋活动让孩子们和家长增进了感情的同时，更受到践行社会主义核心价值观的教育，使孩子们学雷锋的行动走出了校园，走进了了社会，在社区掀起学雷锋的热潮，因为雷锋精神正是我们在构建和谐社会、和谐校园、和谐班级中必须大力发扬和倡导的。

家校合作之花　　　假日里孩子们积极在社区宣传雷锋精神

利用打快板，说相声、讲故事，诗歌朗诵等方式让孩子们深入理解雷锋精神。

入情入景地讲故事的徐家诚

　　看着学生在台上入情入景的讲故事表演，和充满激情的快板，和令人深思的相声，以及台下观众如痴如醉的表情，我们感受到了雷锋的精神的种子已经深深扎进了孩子们的心中。

精彩的快板表演让台下的观众掌声不断

　　就是通过阅读雷锋的书、唱有关雷锋的革命歌曲、诵读雷锋的诗歌、画雷锋、做手抄报、写读后感等一系列学雷锋活动的开展，孩子们了解了雷锋的光辉事迹，理解了他的"钉子"精神。知道了他的知难而进、勇往直前、乐于奉献的精神，通过学习雷锋的故事，我们在学生自己写的学雷锋的读后感，感受到了雷锋精神在学生们心中已经扎根发芽了。

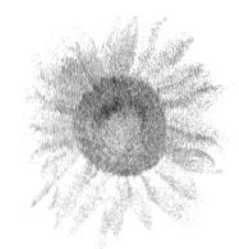

雷锋叔叔，我想对您说

——读《雷锋日记》有感

三二班王京爱

雷锋叔叔，前些日子，我看了一些您写的日记，以及别人对您的介绍，我知道了您是一位十分听毛主席话的好军人，您心中一直铭记着毛主席说的"为人民服务"这句话，在生活中您也确确实实做到了：您看，一有空，您经常帮战友叠被子、补衣服，下雨天送素不相识的抱着孩子的阿姨回家，下雨天，把伞借给别人，自己却成了落汤鸡，经常搀扶老奶奶过马路……您的事迹太多太多，我就是说上三天三夜也说不完。

翻开您写的一篇篇感人的日记，读着您写的一句句朴素真挚的话语，我明白了：

做人首先要学会与人和谐相处，要能乐于帮助他人，还要勇于为团体做贡献，更要要吃苦耐劳的精神，同时在各方面严格要求自己，刻苦学习，这样才能做一个优秀的人。

雷锋叔叔，我知道，学习您的精神不能是一句空话。现在，我每天上学时，会主动帮邻居奶奶拎垃圾下楼；在邻居奶奶身体不舒服时我会帮奶奶遛狗；在小区里玩耍时，我会经常帮别人看护小弟弟小妹妹，看到地上的垃圾主动捡起……

"赠人玫瑰，手有余香"。做好事的感觉是快乐的！我以后要从细微的事做起，做一个像雷锋叔叔一样的人！

第二阶段：实践体验，发扬雷锋精神

我们在在第一阶段，由老师带领学生走近雷锋，了解雷锋的感人事迹，寻找雷锋的足迹，体验雷锋的精神后，我又在各班开展形式多样化活动，同时，围绕学习雷锋，年级里明确提出了"三个一"活动要求：寻找身边的一个榜样，学习一种精神，争做一件好事.

在这次活动中，学生们在班主任的带领下，积行动起来，有的在老师带领下在校园内进行义务劳动，还有的同学走进了社区，利用节假日在社区抹扶手，抹栏杆。

清除了卫生死角，还同学们一个干净、舒适的环境

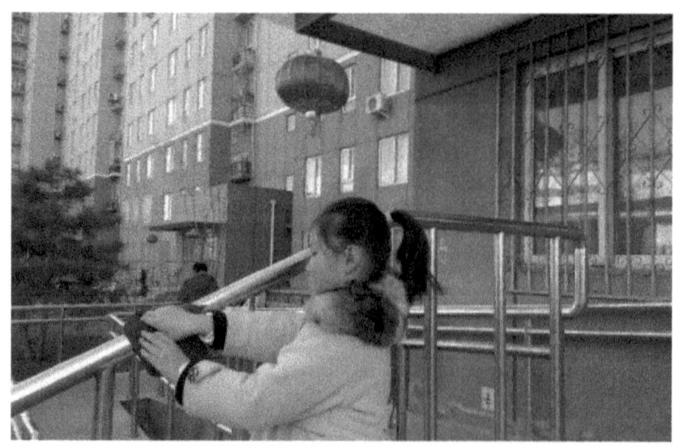

用自己实际行动践行雷锋精神

夜幕下的小雷锋

孩子们在活动中积极地打扫卫生，体会到"劳动最光荣".还有的在学校里帮助同学复习功课，讲解难题。就在帮助别人的过程中，学生们理解"赠人玫瑰，手有余香"的真正含义。

我们除了让学生坚持日常学雷锋，要求学生全员参与，从日常做起，具体要求做到："不打架、不骂人、不随地吐痰、不乱扔纸屑、不破坏公物，轻声慢步、随到随读纪律好、上下楼梯不拥挤"外，还要求学习上学雷锋，开展"一帮一"活动，各班组织学习互助小组，发扬雷锋"钉子"精神和助人为乐精神，鼓励成绩好的，有特长的学生与班上学习有困难的同学结成学习互助小组，共同克服学习上的困难，提高学习成绩，形成浓厚的学习氛围。

利用课余时间，给同学讲题的小雷锋——申宇枫

　　学生们在老师的带领下，在校园里，在社区，在街上开展真真实实的学雷锋活动，用自己的实际行动诠释着雷锋精神，而就是在在活动过程中学生的能力得到了锻炼，在锻炼中得到了成长。雷锋精神像春风一样拂过了同学们稚嫩的心灵，孩子的心里播下了乐于奉献乐于助人的种子。

　　第三阶段：活动总结　让雷精神永驻校园

　　雷锋曾说过：力量从团结来，智慧从劳动来，行动从思想来，荣誉从集体来"，所以个人只有在集体中才能获得全面发展，从学习雷锋精神的活动中，学生知道了学习雷锋精神，不要大家去做轰轰烈烈的大事，只要要从自我、从身边的小事、从关心每个人、每件事做起就是学雷锋了。

　　在年级的"践行社会主义核心价值观——学习雷锋，我最棒"年级主题班会课上，我们就每个班在第一阶段进行的学雷锋活动进行了精彩的展示。

精彩纷呈的主题班队会

　　还在活动伊始就第二阶段提出了"三个一"活动要求：寻找身边的一个榜样，学习一种精神，争做一件好事，进行了表彰总结。评选出了年级里学雷锋学雷锋小标兵，有无私奉献的申宇枫，有乐于助人的周缨杰，有爱劳动的徐家诚，祖一鸣，有爱学习的胡可心，王恒博、有能吃苦耐劳的王逸晨。

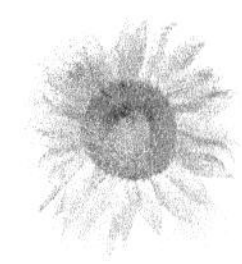

爱劳动，乐于助人从不抱怨的周缨杰、徐家诚

手抄报评比

可爱的学雷锋小标兵

栩栩如生的画像，精美的手抄报诠释自己的独特的理解

　　繁花似锦的三月，三年级的全体师生一起开展的这次活动，就是要让老师和学生一起热爱祖国、热爱学校、热爱集体，融入集体。通过活动，让大家体会到"学雷锋"的目的并不是为了得到别人的夸奖，是要努力实现我们民族复兴的中国梦。

　　虽然三月即将过去，但这并不意味着学雷锋活动就此结束，并不意味着在日后的生活中将雷锋淡忘，等待来年的月份再将他想起。我们会在日常的生活当中继续发扬雷锋精神，使其成为我们生活的一部分，使其精神成为我们的一份良好的品格。只要我们师生心中爱心永驻，奉献精神永随，雷锋精神必将再我们身上延续，雷锋精神会永驻校园。

珍爱生命，重视交通安全主题班会

基本信息				
编号		年级	一年级	学期	第二学期

班会题目	珍爱生命，重视交通安全

教学人员				
	姓名	单位	手机	电子邮箱
班主任	梁静	回龙观第二小学	13581952943	531062524@qq.com
指导教师	李云耘		13522311015	

设备与技术要求	
教学中是否使用触摸电视、黑板等设备	使用
ppt中是否有音视频内容	使用

班会说明	
教育背景	中国，人口大国。每一年、每一天、每一刻都会出现各种诸如火灾、溺水、食物中毒、交通事故、拥挤踩踏事件、校园安全事故、青少年意外伤害等重大人员伤亡事故，在这些伤亡的人群中，中小学生占了一定的比例。据有关部门不完全统计，近几年，全国中小学生每年非正常死亡人数达1．6万之多，平均每天就要有40名中小学生死于非命。青少年是祖国的未来，民族的希望，祖国的花朵，他们的生命就如同绚丽多彩的花季，对中小学生开展安全教育，就如同在他们的花季生命中播下平安的种子。从这一点来说，抓好中小学生的安全教育就显得尤为重要！让我们行动起来，学习和掌握必要的安全常识、自护自救知识，团结起来，互帮互助，从容地面对各种不安全的隐患和挑战，让我们更加珍爱自己的生命，与自护相伴，与平安同行！
班会目标	1.学习和掌握一些必要的安全常识和自救自护的本领，强化自身的安全意识，逐步提升自身的安全素养和能力。 2.牢固树立安全第一的观念，自觉遵守安全规则并认识到"安全"这一问题的重要性和紧迫性，防患于未然。
前期准备	教师准备： 1.观看录像，制作课件。 2.学生座次、道具和奖状等环境准备。 3.根据学生的实际情况撰写《交通安全拍手歌》的儿歌。 学生准备： 1.召开班委会，确定活动主题，与老师研讨活动方案等。 2.学生分组排练相关的小品，健美操。 3.学生观察平时出现的不遵守交通规则的现象。

班会过程			
时间	内容	呈现形式	设计意图
	引入：在班会课开始之前先猜两个谜语。 第一个谜语是：白色线条地上躺，不怕雨雪和冰霜，行人踏在它身上，交通安全有保障。谜底：（人行横道线或斑马线）	课件展示 播放谜语	激发学生兴趣，从谜语引入

	第二个谜语是：圆圆三只大眼睛，十字路口做卫兵，红灯停，绿灯行，黄灯亮起 提个醒。谜底：（红绿灯） 　　班会开始 　　一、欣赏小品《在路上》：（小品《在路上》的故事情节） 在放学的路上。两个一年级的学生，边谈笑边打闹，都到路中间了。一个青年人疲劳着驾驶车子，飞速向前行驶着。恍惚中，司机向路中间的小学生冲去，一个学生倒在血泊中，另一个撞倒在地上。车子飞快地消失在人们的视线中。 　　二、PPT图片展示 　　1.请学生看车祸的照片（展示幻灯片）我国每年死于交通事故的人数就有10万人以上，交通事故已成为我国中小学生伤亡的主要原因之一。 　　2.看几张宣传交通安全的漫画：（展示幻灯片） 　　三、学习十种常见的交通标志：（展示幻灯片） 　　1.人行横道。表示该处为专供行人横穿马路的通道。 2.鸣喇叭。表示机动车行至该标志处必须鸣喇叭。 3.禁止机动车驶入。表示禁止各类机动车驶入。 4.禁止鸣喇叭。表示禁止鸣喇叭。 5.禁止行人进入。表示禁止行人进入。 6.停车场标志 7.人行天桥或人行地下通道标志 8.残疾人专用设施标志 9.禁止向左转弯标志。表示所有车辆禁止向左转弯。10.危险标志。表示接近此处会有危险。 　　四、舞蹈欣赏《交通指挥操》 　　五、PPT图片观看，让学生自由发言谈"应该怎么做" 　　六、抢答交通安全知识 　　1.行人在没有人行道的路上行走，应该：（A）A.靠路边行走　B.随意走 　　2.通过人行横道时，红色信号灯亮了，这时应该：（B）A.抢跑过马路　B.等候绿灯亮后再走 　　3.汽车的转向灯左边闪烁时，汽车向：（A） A.左转　B. 右转 　　4.行人可以搭乘电动自行车、人力货运三轮车、轻便摩托车吗？（B）A.能　B.不能 　　5.乘坐轿车时从哪边下车最安全？（B）A.左边　B.右边 　　6.如果看到有汽车撞人后要逃跑了，你应该立即：（A）A.记下车牌号　B.告诉老师或	演小品 课件展示 播放图片 学生介绍讲解 学生讨论交流 学生抢答 学生讨论交流	通过小品感受不遵守交规的危险与后果 通过观看实际车祸现场的照片，让学生更加深刻地认识到不遵守交规的危害 通过学生自己的解说尽可能多的认识交通标志 通过抢答题检测上面所学内容

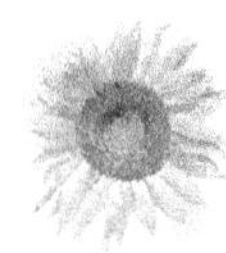

	家长　C.不需要做任何事 　　7.乘坐公共电汽车时，下面的行为哪个安全？（B）A.在车厢内随意站立　B.行车时扶好扶手　C.将手或身体置于车窗外 　　8.在有人行道的路上，你应该：（A） 　　A.走人行道　B.走非机动车道　C.随心所欲，哪儿没车走哪儿 　　9.汽车车尾白灯闪烁时，表示汽车： （B）A.前进　　B.倒车 　　10.我国道路交通安全法规定未满多少岁的儿童，不准在道路上骑自行车、三轮 车和推拉人力车。（B）A.8岁　B.12岁 C.14岁 　　七、朗读《交通安全拍手歌》： ppt：交通安全拍手歌 　　你拍一，我拍一，交通安全是第一； 　　你拍二，我拍二，提示标志认真看； 　　你拍三，我拍三，不闯红灯保安全； 　　你拍四，我拍四，自行车上不载人； 　　你拍五，我拍五，大小拐弯看清楚； 　　你拍六，我拍六，车辆行人靠右走； 　　你拍七，我拍七，不要边走边游戏； 　　你拍八，我拍八，珍爱生命靠大家； 　　你拍九，我拍九，遵纪守法要恒久； 　　你拍十，我拍十，做个文明北农附小人。 　　结束：班会结束，班主任发言 　　口号"遵守交通法规，安全伴我行，展一（4）风采，珍爱生命！"	学生朗诵儿歌强化记忆 学生宣读口号让安全铭记于心	通过学生喜闻乐见的儿歌和口号的形式，再一次帮助学生深化认识，防患于未然
后续教育计划	以大队部"小手拉大手"系列活动为载体，通过在这节班会课上下发的"远离交通事故，珍爱幼小生命"倡议书，发动家长的力量参与其中，延伸班会效果。在每月进行的"遵守交通规则阳光榜样"的分享活动中，宣传班里的标兵，营造起良好的氛围，让学生慢慢遵守交通规则，让珍爱生命的种子在学生的心中生根、发芽、开花、结果。		

我与绿萝共成长主题班会

基本信息					
编号		年级	三年级	学期	第二学期
班会题目		我与绿萝共成长			
教学人员					
	姓名	单位	手机	电子邮箱	
班主任	张凌云	回龙观第二小学	13426015516		
指导教师	李云耘		13522311015		
设备与技术要求					
教学中是否使用触摸电视、黑板等设备			使用		
ppt中是否有音视频内容			使用		
班会说明					

教育背景	理论背景： 　　生态教育是人类为了实现可持续发展和创建生态文明社会的需要。我们学校为了促进孩子的发展，正在积极的构建生态校园，让校园处处充满绿色，让楼道、班级内都沉浸在绿色的海洋中，让我们的校园更加阳光，学生更加阳光。 　　实践背景： 　　我们班的班植是绿萝，它象征着坚韧与善良。希望学生能像绿萝一样坚韧不拔，友善待人。它是一种生命力极其顽强的草本植物，有水即能生长，又被称为"生命之花"，及其易于生长。它翠绿欲滴的叶片和柔嫩的枝茎引起人们的无限喜爱，加之它"坚韧善良，守望幸福"的花语，让很多的人喜欢养一盆绿萝，它既可以绿化环境又可以净化空气。希望学生能把生活中遇到的问题，及时改正错误，做到净化心灵。做到坚韧善良，永远保持着善良之心。
班会目标	通过班会，让孩子们体会"洒满阳光的生态教育"理念，让孩子们在绿色的海洋中成长。同时做一个像绿萝具有坚韧不拔、友善待人的好品质。
前期准备	1.在班会开展之前，我们与孩子一起泡绿萝，做一些前期的铺垫。 2.收集关于绿萝的各种资料，深入了解。 3.室内环境的布置，处处充满绿色。 4.收集平时学生呵护自己绿植的照片，视频等。 5.组织学生进行情景再现排练。

班会过程			
时间	内容	呈现形式	设计意图
	（一）导语 　　主持人1：敬爱的老师，亲爱的同学们，大家好！三（5）班《我与绿萝共成长》主题班会现在开始！ 　　2：你伴着白天黑夜 　　　驱走了寂寞 　　　迎来新的一天 　　　你的藤蔓随着时间向上蔓延	学生朗诵	根据学习绿萝的习性，了解绿萝的品质，用诗歌激起学生的兴趣。

	3：藤是斩不断的爱桥 叶是剪不掉的春色 藤缠绕着春夏秋冬 叶伴随着藤走过一生 4：暗绿的叶片携裹着我的思念 随同根扎在心里 伸展　伸展 展现出美好的明天 （二）了解绿萝 1.绿萝的品种： 青叶绿萝：叶子全部为青绿色，没有花纹和杂色； 黄叶绿萝（黄金葛）：叶子为浅金黄色，叶片较薄； 银葛：叶上具乳白色斑纹，较原变种粗壮； 金葛：叶上具不规则黄色条斑； 三色葛：叶面具绿色、黄乳白色斑纹； 2.生长习性： 绿萝属阴性植物，喜湿热的环境，忌阳光直射，喜阴。 绿萝是阴性植物，喜散射光，较耐阴。它遇水即活，因顽强的生命力，被称为"生命之花"。蔓延下来的绿色枝叶，非常容易满足。 3.价值： 绿萝能吸收空气中的苯、三氯乙烯、甲醛等，据环保学家介绍，刚装修好的新居多通风，然后再摆放几盆绿萝，基本上就可以达到入住标准了。 空气净化：绿萝还有极强的空气净化功能，有绿色净化器的美名。绿萝能在新陈代谢中将甲醛转化成糖或氨基酸等物质。 绿萝茎秆细软，叶片娇秀，赏心悦目。 观赏：绿萝其缠绕性强，气根发达，叶色斑斓，四季常绿，长枝披垂，是优良的观叶植物。 （三）我与绿萝的小故事 （1） 1：绿萝作为我们的班植，作为我们成员的一部分，我们就来说一说与绿萝发生的点滴吧！请看班级小视频。 （每个小组都在积极的照顾着绿萝，其中一个小组发现了自己泡了几周的绿萝根烂了，全组人大声叫嚷着）	通过搜集资料，了解绿萝的种类，分享交流。 学生交流 分享小故事	扩充学生课外知识，多多收集知识。

	2：下面请视频中的小组来分享一下当时你们的心情。	通过具体的小视频，指导学生如何照顾自己的绿萝。
	3：那这件事究竟是怎么解决的呢？我们一起来看一看。（继续播放视频，老师出面解决问题，说一些注意方式方法。孩子们听懂了之后，重新获得信心。又继续进行泡根。） （2） 4：一周过去了，两周过了，三周过去了，有的小组泡的绿萝冒出了小小的根，有的小组的绿萝没有任何办法。可愁住了一些同学。我们来听听这些同学的观察日记是怎么写的吧！ （三个孩子读自己的班级日志，可以通过放的位置来讲，可以从自己组剪出来的这一支大小来讲，可以从自身照顾来讲） （3） 1：我们继续来看我们与绿萝之间的小故事	
		学生讨论交流，分享班级日志
	表演：（上来三组，学生在养护的过程之中发生问题，两个小组的绿萝发芽了，一个小组的绿萝没发芽。没发芽小组的一个学生说要换水，每天给绿萝换水。一个小组里的学生说要加水，两个小组之间的两个成员发生冲突，谁都不服谁，另一个小组里的成员旁边劝说，并说出之前就听老师说过怎么泡。老师听到后走过来，给孩子讲解，孩子才点头，意识到问题）	学生表演小品	在表演中让孩子意识到问题，并及时改正。
	原本关系很好的两个人，在那次争吵后，心里对彼此产生了芥蒂。帮助他们两个解决问题。	解决实际问题，让学生友好相处。
	2:请两位同学上前来，我想做一名小记者，采访一下两位，小贝你的绿萝现在生根了吗？（生根了），那你觉得小东提醒的对吗？（对） 那我们发现你们两个没有以前那么要好了呢？为什么呢？（因为他好像在教育我似的，虽然我知道他说的对，但我就不想听）	学生谈感受
	3：边往上走边说，我听出来了，小贝就是因为和小东太好了，是因为小贝太要面子了，平时就能看出来你关心小东，还悄悄的借他东西，不让他知道。你太有意思了，我们都是男子汉，我们要有气度的。让我们就着今天这个机会和好吧！下面人起哄，让他们两个和好。（两个尴尬的大男人握手言和）		

	师：我们班的孩子都是很要强，很要面子的孩子啊！　人与人之间总会出现小小的摩擦，人不是十全十美的，总会出现这样或那样的问题，总会犯错，知错就改，谁还会抓着你的小错误不放啊！只有我们之间真心相对，友好相处，就没有尴尬可言。 （四）友善的绿萝 　4：请同学们说说，自从我们开始定绿萝为我们班植后，我们泡绿萝，打理绿萝，有什么变化吗？有什么感受吗？ 　（1.绿萝具有顽强的生命力，在我们大家的努力之下，我们班中的绿萝生机勃勃，长得非常的棒！） 　（2.确实是这样的，自从我们开始泡这些绿萝，每天都有专人负责，感觉我们小组内的成员都团结在一起了，而且，我们在遇到问题的时候渐渐的学会了思考问题。） 　（3.我觉得我们越来越善良了，因为我们每个人就想这绿萝一样，学习着绿萝的好品质。） 　（4.我们每天都在观察这些绿萝，每天都有同学在写班级日志，我除了看到了我的观察，还看到了其他同学的观察，真是特别的好！我的写作水平也有了一定的提升。） 　（5.绿萝太无私了，太善良了，它自己吸收着空气中的有害气体，把干净，清新的空气带给我们，太伟大了。） 　（5）教师总结 　通过我们的绿萝，我看到了孩子们的坚持，我看到了孩子们的执着，更看到了遇到问题孩子们宽容以对，友善待人的品质。希望孩子们一如既往的对待你们的小小绿萝，学习它的坚韧与善良，友善对待身边的朋友!		通过我们的实际做法，让学生思考绿萝带给我们的好品质。 教师总结　让学生学会绿萝坚韧，友善的好品质。
后续教育计划	继续开展泡绿萝活动，打破小组，让组组合作，培养学生团结的好品质。加强绿萝栽培知识的普及，让学生对绿萝有一定的认识。		

与竹同行主题教育活动

基本信息					
编号		年级	五年级	班级	1班
班会题目		与竹同行			
教学人员					
	姓名	单位	手机	电子邮箱	
班主任	姚冬	回龙观第二小学	15210454770	474633942@qq.com	
指导教师					
班会说明					
班级文化建设阐述	竹子即君子、坚韧、团结、文明等美好品质的象征。以竹为依托，建设具有班级特色、书香氛围浓厚、环境优美整洁的班集体，促使学生们做一名像竹子一样虚心文雅、高风亮节、坦诚无私、朴实无华的少年。				
班级文化建设展示活动目标	通过班会，让同学们知道竹，认识竹，了解历代文人雅士的对竹的颂扬，了解竹文化的内涵，理解竹子精神的寓意，发扬竹子精神，激励自己刻苦学习，不断进步。不论是做事还是做人都要以竹子为榜样，做一个可爱、高尚的少年。				
前期准备	教师准备：1.开班会前，我们班开展一系列竹文化活动作为班会的前期铺垫 　　　　　2.组织学生准备有关节目。 　学生准备：1.搜集竹子的故事等资料；调查争做具有像竹一样坚毅品质的学生的做法。 　　　　　2.关于坚毅精神的名人故事、文字材料。 　　　　　3.环境布置（黑板、场地等）。				
主题活动过程					
时间	内容		呈现形式	设计意图	
	一、班级板块介绍——竹之园 　中华民族历来尚竹，竹子与中国诗歌书画艺术、园林建设以及人民生活有着源远流长的关系，中国也因此被誉为"竹子文明的国度"。没有哪一种植物能够像竹子一样对人类文明产生如此深远的影响。我们把竹子给人类物质文明和精神文明带来的作用和影响，称为竹文化。以"竹"为载体，以"竹文化"为主体，突显竹的厚积薄发，积极向上的品质，通过开展有关竹子栽种、知识、趣闻等方面的学习和实践，即：君子、坚韧、团结、文明。"弘扬竹之精神，塑造竹之品格"作为班级道德教育的重要内容这是对传统美德的传承和发展。 　1."点亮文明，争当榜样"——每个学生都有自己的亮点，孩子并不缺少亮点，而是我们缺少发现的眼睛。点亮文明，争当文明的含义在于让每个学生背负着自己的好品质不		学生介绍	班级以竹为象征，整体介绍。 感受竹之文明，发现身边的文明榜样	

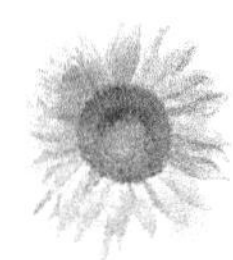

停地走在前进的道路上。在班级的展板上挂着一个小本子，上面写着"寻找五一的小榜样"让我们用发现美的眼睛去寻找身边的文明，让他成为我们学习的榜样，记录下来他的文明之举，让"文明之竹"在五一班茁壮成长。 2."读好书，做君子"——竹，谦谦君子也，临泉而立，雅而有节，如君子之风。老师希望我们能够像竹子一样，作一名真正儒雅的君子。通过有效的课外阅读，激发我们进行课外阅读的兴趣，提高阅读效果，班级设置图书角。图书来源：每月从校图书馆借阅50本、学校提供给每班的连环画、学生自行捐赠图书、语文教师每月带着我们走进一位文学作家，并把作品放进PAD中，方便学生阅读。每月举行读书交流会，畅所欲言。并且定期展示学生的美词妙句摘抄、好书推荐卡、读后感展评等，记录学生读书的点滴、成长的足迹。 3."我和慈孝竹一起成长"这一棵棵青翠的竹子都是在我们班同学的进行照顾下成长起来的。同学们每天都精心给小竹苗修建枝叶，换水，在培育小竹苗的过程中，同学们体会到了父母呵护他们，养育他们的艰辛。我们如今幸福的生活是和父母的无私奉献和关怀分不开的，从而学会关心身边的人，以友善之心对待他人，尊重他人的劳动。 4."做最好的自己"——人无完人，每个人都是一面镜子，我们可以从同伴的身上发现优点，从而发现自己的不足，要鼓励学生有勇气有信心改掉自己的缺点，通过自己的努力和坚韧的毅力克服掉自己的坏毛病，做最好的自己。我们班级开辟一块小展板，展示每月进步最大的学生，可以是学习方面、劳动方面、品质方面、体育方面等各方面能充分体现学生用坚强的毅力战胜自己、改变自己的过程。这个过程就像一个棵小竹子一样，慢慢的修正自己，直到长成挺拔的翠竹。 二、《与竹同行》班会 竹石（全班齐背） 咬定青山不放松， 立根原在破岩中。 千磨万击还坚劲， 任尔东西南北风。		读书，做一名像做竹一样的君子。 竹，君子也，君子孝为先，在种植过程中感受父母养育之恩。 班级评比表，是一个完善自我的过程。 齐背班诗

	（一）导语 齐：敬爱的老师，亲爱的同学们，大家好！五一班《与竹同行》主题班会现在开始！ 竹子虽然没有牡丹那样富丽，可是它高大挺拔！ 竹子虽然没有松柏那样伟岸，可是它苍翠欲滴！ 竹子虚心文雅、高风亮节！ 竹子坦诚无私、朴实无华！ （一）竹知多少 1.在传统文化中，竹为"岁寒三友""四君子"之一，民间以竹为吉祥物，哪位同学来说一说你对竹的了解？ 班会前老师已布置作业，学生讨论，他们所了解的竹知识，竹文化。 2.学生展开讨论，互相学习补充。 通过同学们的介绍，能够感觉到竹子与中国民族以及人民生活有着源远流长的关系。中国也因此被誉为"竹子文明的国度"。 （二）欣赏咏竹诗句 古往今来，很多的文人墨客都爱竹，他们赏竹、画竹、咏竹。 宋代诗人苏轼有云："宁可食无肉，不可居无竹，无肉令人瘦，无竹令人俗。人瘦尚可肥，士俗不可医。"可见竹子在他的生活中占有非常重要的地位。 唐代诗人白居易也在诗中写到："千花百草凋零尽，留向纷纷雪里看。"以此来赞颂竹子，寒冬里的它仍旧绿荫葱葱，笑迎风霜雪雨。 它那积极进取、不怕困难的精神和品质，却引起不少诗人对它的喜爱和吟诵。 班级小诗人们对竹的赞颂。 1．咏竹(傅庞如) 2．竹里馆（唐）王维 3.庭 竹（唐·刘禹锡） 4.竹 （唐·李贺） 5.题新竹（唐·杜牧） 6."水调歌头·咏竹"钱樟明 它那积极进取、不怕困难的精神和品质，引起不少诗人对它的喜爱和吟诵。 三、竹与我成长 对竹子有了这么多的认识，我们就更喜欢竹子了。看，墙壁上，这一幅幅漂亮的咏竹图都是我们亲手绘制的，我们把"竹"作为班级的班级文化象征，并且为班级起了个好听的名字——翠竹园。	学生咏颂	初步了解竹在历史及生活中的重要地位。 感受历代文人墨客对竹的赞颂与喜爱。

	在教室的窗台上，一棵棵翠绿的竹子，经过学生们的精心的浇灌，它们长得多挺拔呀，请这些小翠竹的主人们讲讲他们和竹子的故事。 　　通过与竹的相处，感悟生活道理 　　四、名人与竹 　　竹，它是我们心灵的挚友，我们爱竹其实更爱竹子所具有的种种品格，在不知不觉间人们早已把竹人格化了。 　　1.人们赞颂竹的精神，歌颂竹子的品质，请同学们说一说你认为竹子具有什么样的精神？（有节、虚心、向上、长绿、坚韧、耐寒、清雅、质朴……） 　　2.在我们中国有许多拥有竹子精神的名人，让我们来听听他们的故事吧！ 　　教授与竹的故事 　　胸有成竹的来历 　　五、感恩慈孝竹 　　其实竹更是君子的象征，何又为君子？君子孝为先。俗话说"百善孝为先"，"鸦有反哺之效"我们要懂得孝敬父母、感恩父母。 　　在我们身边像竹一样懂得慈孝的人更是无处不在。就请听听那个男孩的故事。 　　农学院附属小学五年级1班荣获北京市孝心少年、北京市美德少年王希贤的事迹。 　　班主任讲话，总结提升 　　孩子们，仅仅几个月，我们在竹文化的熏陶感染下，就有了这么多的收获，我相信，在今后的学习中，你们这些稚嫩的"小竹笋"，一定会成为有用之材。我宣布，五一班《与竹同行》主题班会到此结束。	学生讲名人与竹的故事。 学生讲身边的故事。	通过生活中与竹子的种植相处，讲趣闻，感悟道理。 通过对名人的认识，加深孩子对竹的认识，学会竹的品格。 通过班中小榜样，让孩子懂得感恩。
活动效果反思	我认为活动取得了一定成效，通过班会，同学们理解了竹子精神的寓意。知道竹，认识竹，了解历代文人雅士的对竹的颂扬，了解竹文化的内涵，发扬竹子精神。通过班级文化建设及班级开展的活动，激励孩子刻苦学习，不断进步。不论是做事还是做人都要以竹子为榜样，做一个可爱、高尚的少年。		

后续 教育 计划	1.联合任课教师及家长参与学生对班中竹子的照顾。从中学习竹子的品质。 2.每月定期开展"与竹共成长"的交流活动。 3.通过班会，及时看到孩子的成长，并进行成长反馈，通过作文或手抄报、绘画等形式展现出来。		

交"朋友"主题班会

基本信息					
编号		年级	二年级	学期	第一学期
班会题目	交"朋友"				

教学人员				
	姓名	单位	手机	电子邮箱
班主任	李春红	回龙观第二小学	13693143940	Lichunhong0327@126.com
指导教师	李云耘		13522311015	

设备与技术要求	
教学中是否使用触摸电视、黑板等设备	使用
ppt中是否有音视频内容	使用

班会说明	
教育背景	理论背景：班杜拉的"观察学习理论"告诉我们，人们的许多知识、技能、社会规范等的学习都来自间接经验。人们可以通过观察他人的行为及行为的后果而间接产生学习。本次班会就从养成良好的学习习惯切入，在活动过程中一步步引导学生感悟好习惯的重要性、认识好习惯坏习惯到说说自己的好习惯与坏习惯，最后到如何改正坏习惯，从而促进学生好习惯的养成。 　实践背景：低年级是养成良好习惯的重要时期。在这一阶段中，学生由他律向自律过渡，学生活泼好动自制能力差，经常要靠老师的约束来管住自己。我们班的孩子上课总是搞小动作，什么东西都可以当成自己的玩具，如一块橡皮、小到一个小纸片也玩心没完没了，有的孩子注意力不集中，听着听着就走神，或是东张西望，老师讲的知识没听进去，学习效果很不好，家长也反映孩子知识没有听懂。于是我决定在班内展开养成良好的学习习惯系列主题班会，先从养成良好的课堂学习习惯开始。
班会目标	1.通过主题活动的开展，使学生感受到良好学习习惯的重要性。 　2.通过主题活动的开展，让学生知道自己有哪些好习惯和坏习惯，提高改掉坏习惯的积极性，从点滴做起，养成良好的学习习惯，成为身心健康、全面发展的阳光少年。
前期准备	教师准备：1.搜集学生上课不专心听讲的视频。 　　　　　2.环境准备:黑板课题、学生坐次安排、道具和奖状。 学生准备：1.召开班委会，确定活动主题，与老师研讨活动方案。 　　　　　2.学生练习诗朗诵、拍手歌。

班会过程			
时间	内容	呈现形式	设计意图
	一、班会导入： 　主持人：迎着朝阳，迎着雨露，我们就像蓝天上快乐飞翔的小鸟；背着书包，带着希望，我们成了回龙观第二小学的一名少先队员。这里有老师有同学，这里是知识的天堂，是我们扬帆起航的地方。老师的教诲让	主持人朗诵	导入本次班会的主题

	我们懂得了好习惯是人生成功的主宰，好习惯是伴随我们成长的好伙伴，好习惯是我们走向成功的阶梯。 二（一）班《交"朋友"》主题班会现在开始。 二、第一章 我们长大了 主持人：还记得刚刚入学的我们，背着小书包在妈妈的陪伴下来到学校，望着妈妈远去的背影我伤心地哭了，中午第一次自己打饭，我端着饭盒东看西看，一不留神撞到了同学，饭撒了一地，我不知如何是好，我着急地哭了。上体育课我的跳绳一不注意打到了同学的头，他哭了，我也哭了。 上美术课我没有带画笔，我坐在座位上偷偷地抹眼泪， 如今我们已经是一名二年级的少先队员了，那个什么都不懂，动不动就哭鼻子的我们已经不见了，我们长高了，我们长大了。请听诗朗诵《我长大了》。	
		配乐诗朗诵	懂得我们长大了，应该学着自己处理问题
	二、 第二章 认识好习惯的重要性 主持人：现在的我们已经长高了，长大了，可是有时候我们很任性，总是自以为是，有时候我们又缺乏自制力而违反了学校的规定，让老师为我们操心，有的时候……看看现在的我们（播放录像）。	播放视频	发现上课中存在的一些问题
	教师：说说你们看到了什么？看到你们在课堂上的表现老师很着急，你们总对我说："老师我们长大了，可是老师希望你们真正意义上的长大，不仅是身体长高了，更应该变得懂事了，今天老师给你们带来了一个古代的小故事，希望对你们能有启发。请欣赏《学棋》。 看了这个小故事，你知道他们之间为什么会有那么大的差别吗？ 有一位家长也有话要对宝贝们说：请听：（播放录音）		懂得上课要专心听讲
		播放录音	
	教师总结：这就是平凡而伟大的母亲，每一句话里都饱含了浓浓的爱与期望，此时此刻你想对妈妈说什么？ 主持人：习惯的力量如此巨大，在不知不觉当中，我们的命运就被掌握其中了，人们常说播下一个行为，你将收获一种习惯；播下一种习惯，你将收获一种性格；播下一种性格，你将收获一种命运。这充分说明了习惯的重性格，所以说养成良好的习惯对我们来说是一笔终身的财富。		
	三、认识学习的好习惯和坏习惯 主持人：下面这些做法对吗？如果不对该		

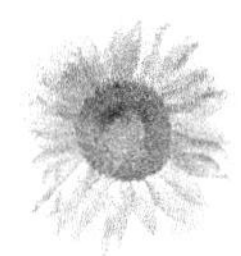

	怎样改正? 　　1.上课铃响了，小军还在忙着翻书包找课本，可是怎么找也找不到。 　　2. 语文课上老师正在讲课，小明坐在座位上东张西望。 　　3. 老师上课不爱叫我回答问题，以后我就不举手了。 　　主持人：同学们说的真好，有了坏习惯并不可怕，关键是我们一定要改正，让坏习惯变成好习惯，这样我们的好习惯就会越来越多，我们就会越来越优秀，同学们让我们一起加油一起努力吧! 　　四、第四章 找出自己的好习惯和坏习惯 　　主持人：下面我们就来比一比，看谁对好习惯了解的多。谁来说一说你知道哪些好习惯? 　　老师建议大家与这些好习惯交朋友： 　　1.做好课前准备。 　　2.上课认真听讲，不搞小动作 　　3.认真倾听别人说话的习惯。 　　4.善于思考积极回答问题。 　　5.回答问题声音响亮。 　　6.敢于提出自己不懂的问题。 　　7.书写认真、计算仔细的习惯。 　　8.自查自改的习惯。 　　9.读书的习惯。 　　10.遇到不认识的字自己查字典的习惯。 　　11.及时复习的习惯。 　　主持：其实我们每个人都有好习惯，下面我们就来夸一夸：找一找自己身上的好习惯，这里有一棵成长树，它就像我们二(1)班这个大集体。我们就像树上的一片树叶。请把你的好习惯写在树叶上。 　　教师：现在我们就来小组内比一比看谁养成的好习惯多。每个小组推荐一名最棒的学习小明星。给小明星颁发奖状，希望他们再接再励与更多的好习惯交朋友，号召大家要向他们学习，与好习惯交朋友。鼓掌祝贺小明星们。 　　主持：每个人都有自己的优点和不足，请你说说自己有哪些不好的学习习惯，同组互相说一说。	判断并说明理由 同学说 学生自己写 评选小明星 说出自己的不足	知道平时我们这些做法是错误的，并懂得为什么错，会改正 知道学习的好习惯都有什么 知道自己有哪些好习惯

	主持人：习惯的养成是一个终身的过程，如果发现自己有坏习惯，一定及时改正这样坏习惯就成了好习惯，我们的好习惯就会越来越多，让更多的好习惯伴随我们成长。习惯不是一天、两天养成的。一个好习惯大约需要21天72次行动才能养成。坚持的时间越长，习惯的力量就越强。习惯不是一成不变的，坏习惯也可以改变。只要有恒心，坏习惯就会和你说再见。 　　让我们唱起拍手歌，一起努力加油！ 　　学习好，有诀窍，认真听讲很重要； 　　书摆正，笔放好，课前准备要做好； 　　眼看清，耳听好，上课专心不说笑； 　　师教导，要记好，同学之间多探讨； 　　勇挑战，善思考，学生守则要记牢； 　　敢提问，会创造，方法科学效率高。 　　学知识，讲连续，每天复习不忘记。 　　会归纳，勤整理，巩固旧知硬道理。 　　勤思考，多动笔，错题收录助记忆。 　　同学们，要牢记，复习巩固要持续。 　　主持人：好习惯是伴随我们成长的好伙伴，好习惯是我们走向成功的阶梯。每个人都希望自己一生幸福，每个人都希望自己一生能有所成就，同学们那还等什么，让我们与更多的好习惯交朋友，让好习惯伴随我们快乐成长吧！ 　　五、请班主任讲话：同学们，让我们从现在做起，从每件小事做起，与更多的好习惯交朋友，还等什么，赶快行动吧！ 　　主持：回龙观第二小学二年级一班《交"朋友"》主题班会到此结束。	 拍手说儿歌	树立榜样，号召大家多与好习惯交朋友 教育学生给改正自己的坏习惯 引领学生养成好的学习习惯
后续教育计划	在这次主题班会活动之后，我会继续观察学生学习习惯的细微变化，在学习习惯上继续加以引导，促其升华。我们将继续开展《预习习惯，我能做到》、《独立完成作业》、《作业认真书写我最棒》等。		

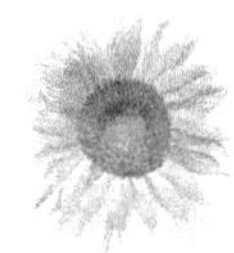

引领学生养成好的学习习惯

基本信息				
编号		年级	一年级	学期	第二学期
班会题目		好习惯伴我成长		

表格说明（教学人员）：

教学人员	姓名	单位	手机	电子邮箱
班主任	王励	回龙观第二小学	13401021883	Hlb463@163.com
指导教师	刘自军			

设备与技术要求	
教学中是否使用触摸电视、黑板等设备	使用
ppt中是否有音视频内容	使用

班会说明	
教育背景	**理论背景：** 根据行为主义的观点，学习和行为的环境决定了行为的发生。而巴普洛夫的实验证明了，行为的一再发生会导致个体形成条件反射。条件反射的行成过程在于不断重复和强化。良好的行为习惯也是如此，主题班会实际上就是强化的一种形式。通过这样的正向强化，能够让学生建立认知，反复实施，形成条件反射。 **实践背景：** 低年级段是培养学生行为习惯和学习习惯的重要时期。我们班学生正是处在一年级第二学期这样一个年级段。学生在一年级第一学期，完成了幼升小的过度，各方面的行为习惯和学习习惯都有了一定认识，并在老师指导下和自主管理下已经形成了一些好的行为习惯和学习习惯。但是，由于学生的年龄较小，身心发展规律上会有反复，因此，良好的行为习惯和学习习惯的固化就在本学期显的尤为重要。在固化良好行为习惯和学习习惯的过程中，对于一年级的孩子来说，首先还是要让孩子们认识到好习惯对自己人生的重要性和积极意义，其次，要帮助孩子们掌握坚持好习惯的方法。因此，在本次班会设计过程中，通过邋遢大王的表演剧，让孩子们感受到没有好习惯是很不受欢迎的。通过展示孩子们自己在家里帮助家人打扫卫生、坚持刷牙、整理书桌等好习惯照片，不仅能激发被展示孩子的自豪感，还能激发其他孩子的积极性。一年级的孩子还是需要更多的激励和鼓励。通过孩子们在班会现场展示快静齐的站队、摆放学习用具等，使孩子们掌握了坚持好习惯的方法。通过班会课上，家长对孩子们入学一年来的变化的感慨性发言，给了孩子们极大的肯定和鼓励。
班会目标	1.认知目标：了解好习惯对人生的积极影响，并能对自己生活中的行为习惯进行自我评价。 2.能力目标：通过同学不同方面好习惯的展示，激发大家养成好习惯的积极性，使大家向具有好习惯的同学学习，掌握改进不良学习行为的方法。 3.情感目标：针对低年级段的学龄特点，让学生在激励中、在互助中、在自我展示中体会到快乐。

前期准备	1.召开主题班会说明会，家长与学生共同参与，广泛收集材料。 2.组织材料，排练节目，使每个学生都参与到活动中来。 3.与家长沟通请家长到校参加班会。并邀请家长发言。 4.教室布置。

班会过程

时间	内容	呈现形式	设计意图
	第一环节：开场 邋遢大王情景剧表演 主持人1：背上书包，踏入宝贵的小学时代！ 主持人2：走进校园，我要养成好习惯！ 主持人3：快乐成长，好习惯伴我一生！ 齐：二年级4班，《好习惯伴我成长》主题班会，现在开始！ 主持人1：首先请大家看一个小故事，故事的名字叫《学棋》。 …… 主持人2：故事看完了，请大家说说你的感受。 …… 主持人2：大家说的真好，这个故事告诉我们，老师讲课，我们要认真听！只有做到这个好习惯，才能学习进步！ 主持人3：故事里的第一个学生就是因为有认真听老师讲课的好习惯，后来才成为了著名的下棋高手。 主持人1：看来养成好习惯真是太重要了！下面就让我们来听听大家都有哪些好习惯吧！ 第二环节：说说好习惯 主持人3：谁还能夸夸咱们同学有哪些好习惯吗？ …… 第三环节：表扬同学，向他人学习 主持人1：看来，我们班的同学在学校已经养成了很多好习惯！ 主持人2：那么，大家在家里又是怎么表现的呢？ 主持人3：下面请王老师进行表彰！ …… （学生1和邋遢大王上场和下场） 第四环节：朗诵儿歌 主持人1：同学们，我们马上就要成为二年级的小学生了。 主持人2：在王老师的帮助下，我们养成了很多好习惯！	情景剧引入 课件展示 播放视频 学生发言 交流讨论 学生互相发现同学身上的好习惯 展示学生家里好习惯的照片 学生交流诵说好习惯儿歌	以有意思的情景剧贯穿整个班会过程，使学生见证邋遢大王由具有坏习惯到决心改掉坏习惯、养成好习惯的变化。 观看《学棋》视频，引发大家讨论，使学生感受到好习惯对一个人影响的重要性。 通过互相表扬同学身上的好习惯、通过观看同学在家里的好习惯照片、通过老师对好习惯小少年进行表彰、通过好习惯行为比赛展示等活动，引导孩子善于发现身边的榜样、激发孩子养成好习惯过的积极性、帮助孩子掌握养成好习惯的方法。

主持人3：下面就让我们一起来说说《上课小儿歌》，"上课铃声响……"，一，二！ 主持人1：谁还能说《上学歌》？ …… 主持人2：谁还会说关于好习惯的小儿歌吗？ …… 主持人3：还有谁能说一些学习好习惯吗？ …… 主持人1：下面请我们班的女生来表演《学习拍手歌》。 （学生1和邋遢大王上场和下场） 第五环节：好习惯行为比赛 主持人1：比赛第一环节，"好习惯伴我成长"知识竞赛。 主持人2：这里有几道抢答题，请大家踊跃抢答。 主持人3：抢答正确的同学会得到好习惯天使送出的"好习惯小红花"！ 主持人1：第1题，请说出三句文明礼貌用语。 …… 主持人1：恭喜你，说的真好！ 主持人2：第2题，请问早晨进教室后，应该怎样做？ …… 主持人2：说的很对，王老师就是这么教我们的。 主持人3：第3题，请问过马路要注意什么？ …… 主持人3：大家说，他说的对吗？ 大家：对！ 主持人1：第4题，每天晚上做完作业，应该怎么做？ …… 大家：说的对！ 主持人2：第5题，下课后，应该怎么做？ …… 大家：说的对！ 主持人3：比赛第二环节，行为习惯比赛！首先进行摆放文具比赛，看谁摆放文具又快又漂亮！ …… 主持人1：下面进行写字比赛，看看谁的写字习惯最棒！	好习惯行为比赛展示	

	…… 主持人2：下面进行排队比赛，看哪一队同学能很好的做到"快静齐"。 …… （学生1和邋遢大王上场） 第六环节：学生画展——坚持好习惯，改掉坏习惯。 主持人1：好习惯有助于大家团结友爱！ 主持人2：好习惯有助于我们学习进步！ 主持人3：好习惯有助于我们快乐成长！ 主持人1：我们决心培养好习惯，改掉坏习惯！ 主持人2：让我们用五颜六色的画来提醒自己，也鼓励同学改掉坏习惯吧！ 主持人3：首先请同学来讲一讲自己的彩画的故事。 …… 主持人1：下面请好朋友互相赠画。 …… 主持人2：请大家也把你的画送给你的好朋友吧。 …… 第七环节：家长参与（老师和家长发言） …… 主持人3：让我们再次用掌声感谢家长阿姨对我们的鼓励！下面，让我们用《好习惯三字歌》来向老师和家长们表达我们的决心吧！ 主持人1：下面，请王老师为我们做班会总结！ 第八环节：结尾 班主任总结： 孩子们，今天王老师很感动！我看到了同学们在家里和在学校已经养成的各种好习惯，也高兴的看到了孩子们找出自己还需要进步的地方，我们还感受到了来自家长的肯定与鼓励！希望我的孩子们在好习惯的陪伴下健康快乐成长！ 主持人1：让我们一起歌唱《读书郎》！ …… 主持人1：二年级4班， 主持人合："好习惯伴我成长"主题班会，到此结束！ 全体同学：谢谢老师，谢谢叔叔阿姨！	介绍自己的好习惯画作，并赠给好朋友 家长发言，对孩子们一年来的变化进行肯定和鼓励 跟着视频，全班表演唱歌《读书郎》	通过介绍好习惯画作、向好朋友赠画并对好朋友说一句带有期望的话，激发孩子们互相学习、成为更好的自己的积极性。 家长给孩子的肯定和鼓励意义非凡。 在欢快温暖的歌声中结束。

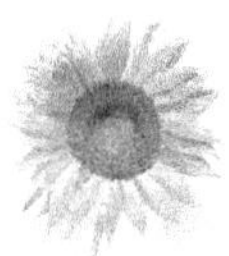

后续 教育 计划	1、以"寻找身边的榜样"和"班级评比"的形式跟踪学生行为习惯和学习习惯的培养情况。 2、利用晨检、放学等时间，进行表扬和鼓励。 3、过半学期之后，再开一次关于好习惯培养主题的班会。		

第三章　阳光教师，智慧点亮幸福人生

红领巾飘起来

李云耘　赵飞

一、问题的提出

学校一位班主任向德育处求助。在她的班中有这样两位学生：打铃后，不进班，两个人总是在楼道里闲逛，每每都是老师硬拉进班；逃课；课上不注意听讲，爱搞恶作剧；校本课程不愿参加；不写作业；集体荣誉感不强；学习成绩差。老师非常着急，苦口婆心的教育，和家长沟通，可总不见效果，甚至导致这两个孩子对老师充满了恨。怎样教育好这样的个别生？给我们提出了挑战。

二、深入了解，找到病根

（一）了解四年级学生的心理特征

四年级是儿童成长的一个关键期。四年级在小学教育中正好处在从低年级向高年级的过渡期，这时候的四年级开始转变思想方法，从过去笼统的印象转变为具体的分析，偏重对自己喜欢的事物进行分析。开始从被动的学习主体向主动的学习主体转变，小时候看不懂，听不懂的一些知识，现在很快可以搞明白，知识增长速度明显加快。

四年级的孩子开始有了一些自己的想法，不再过分依赖家长和老师，而是自己去处理一些简单的事情。但是，辨别是非的能力还极其有限，社会交往经验缺乏，经常会遇到很多自己难以解决的问题，也可能会对游戏机房感

兴趣，要留心观察，是不安的开始。开始意识到自己不受大人控制，有一点叛逆，非常难引导。

四年级也是强化良好习惯和改变不良习惯的关键时期。养成良好学习习惯的关键是在小学中低年级，孩子在小学中低年级以前形成的学习习惯比较容易改变，而四年级以后，除非进行特殊的训练，养成的学习习惯很难改变。美国著名教育家曼恩有句名言"习惯仿佛像一根缆绳，我们每天给它缠上一股新索，要不了多久，它就会变得牢不可破"。

所以说，四年级是小学教育的重要转折期。随着四年级课程增加，作业量增大，老师会像对待大人一样要求去学习。这时候要求四年级孩子的学习方法和习惯要随之发生一定的变化，例如养成课前预习和课后复习的习惯，养成思考和分析的习惯，养成必要的数学思维习惯等。但很多孩子不喜欢学习或厌恶学习，原因就在于他们是被强迫学习的，他们将学习作为一种外加的负担。他们开始形成自我评价的意识，但是，这种自我评价在很大程度上还依赖于别人的评价，所以对孩子的欣赏和鼓励仍然是孩子进步的关键。

（二）找到每一位任课教师进行了解，了解这两个孩子的课堂表现和师生间的关系。发现：两个孩子的注意力不够集中，怕吃苦，自制力弱。

（三）从侧面了解他们的家庭，得知：小明（化名）的家长每天忙于工作，对孩子不闻不问，对孩子正确的人生观、价值观的形成缺乏引导。小力（化名）是个家庭条件极好的孩子，家里不但有爸爸、妈妈的呵护，还有保姆无微不至的照顾，身体发胖，不爱运动，动不动就累，每天车接车送，是在全家人的宠溺中长大的，尤为自私。他们的家长没有意识到四年级是孩子身心发展的一个转折期，作为家长要引导孩子平稳度过这个转折期。家长没有真正认识到父母的责任，认为孩子学习的好坏是学校教育的结果。

（四）两个学生都很聪明，学习成绩差是由于课堂不听讲，逃课，不写作业等不良的学习习惯导致的。

三、采取策略，利用少先队活动促进转变

（一）利用奖励，肯定行为，渗透诚实守信的教育

通过摄像头我们发现，打铃了，可这两个学生的座位却是空的，我便和大队辅导员赵飞老师开始在学校里寻找，于是在大厅里找到了他们。"都上课了，你们怎么还在这呢？赶紧上课去，下课后找我。"看到他们向教室

跑去，我们回到了办公室。下课后，这两个孩子果真去了我的办公室，看到他们紧张的脸，我坚信他们一定能转变。我把他们叫到跟前，从抽屉里拿出了两块巧克力，一人一块。看到他们差异的眼神，我微笑着说："你们很守信用，老师叫你们下课后找我，你们就来了，守信用本身就值得赞扬。"看到他们一脸的放松，我继续追问："你们怎么打铃了，还在外面玩呀？"他们俩互相对看了一眼"上课没意思，小明叫我出来我就出来了。"我看了看小明"是你叫他出来的吗？"小明不好意思的点了点头。于是，我又拿出了两块巧克力，一人一块"你们很诚实，诚实是最好的品质，就应该得到表扬。"两个孩子接过巧克力，和我的距离一下子拉近了。

（二）利用少先队开展的月"阳光学生"评比活动激发学生的内部动机

内部动机指的是人自发的对所从事的活动的一种认知。内部动机直接与活动本身有关，由于做某种事能激发人的兴趣，令人愉快，活动本身就是行动者所追求的目的。通俗来讲，就是无需外力作用的推动，这种动机称为内部动机。在和两个孩子的沟通中我们发现：他们有想成为好学生的欲望，看到同学们获得"阳光学生"称号后，能到学校主席台上接受校长的颁奖，获得全校老师和同学们的祝贺，都很羡慕，自己也想当一次"阳光学生"。可是根据他们的表现，同学们是不可能推举他俩的，即使他们再努力也是徒劳，干脆破罐破摔了。作为德育处的我和大队辅导员的赵飞老师，"阳光学生"的评选都是要经过我们的选拔。于是，我对他们说："你们相信不相信，我可以不经过你们班的初选，让你们直接成为校级阳光学生。"学生们都知道少先队活动由德育处组织，当然对我的话深信不疑，小眼睛一下子亮了。"但是我们得做个约定，你们看这样行不行，从11月1日起，你们每节课上完后都找任课老师签字，如果表现好就签上老师的名字，如果表现不好，请老师指出你们的不足，以便下一节课改正，一个月下来总共会有160个签名机会，只要能得到80个签名，我们就让你们成为阳光学生，如果同意咱们就一起来制作一个表格。"

日期	第1节	第2节	第3节	第4节	第5节	第6节	校本课	课外活
11. 1								
11. 2								
……								

表格制定好了，德育处私下里召开了教师会，向任课老师详细的解释了

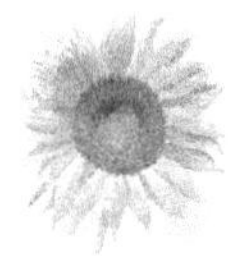

表格的使用方法，让老师们帮助孩子树立自信心，对学生提出有针对性的，他们能做到的要求，激发他们的内部动机。如，听到铃声就马上进班，能做到就可以得到签名，从一个小小的要求慢慢的增加。

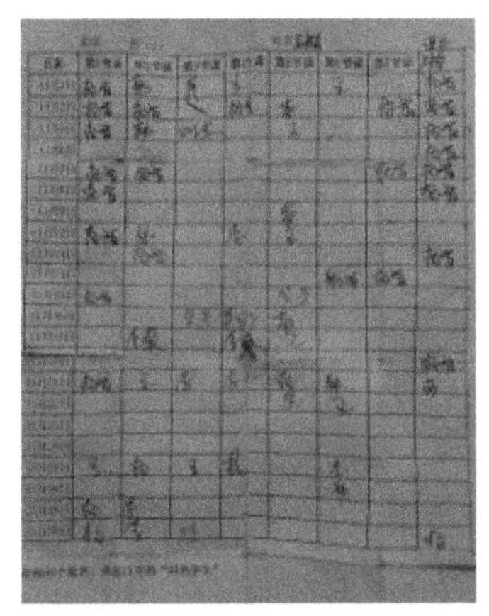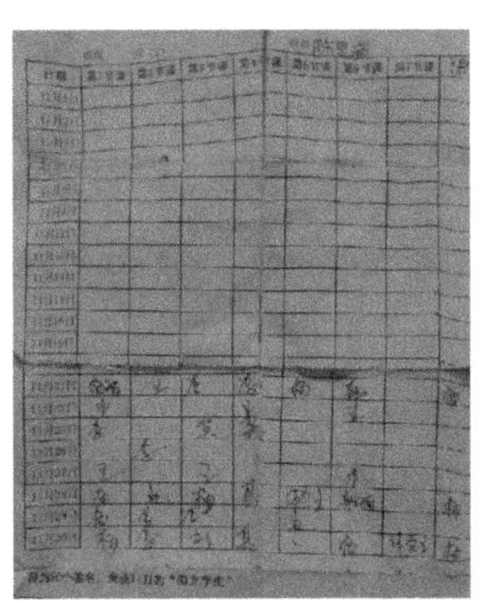

（注：因病休假，目标定为35个）

一个月的时间，有一个人达到了要求，上学仅8天，得到了35个签名，获得了11月的"阳光学生"称号。在校长颁奖的时候，特地跟他拥抱、合影。他特别高兴，内心得到了极大的满足，增强了自信心。另一个学生看到自己的"亲密战友"成为了"阳光学生"很羡慕，主动找赵飞老师要12月的表格，并向我们保证一定得到80个签名，也要上台领奖。

现在的两个同学，进步凸显，由原来的逃课到现在的按时进班上课；从原来的课上捣乱，到现在的主动听讲，虽然注意力集中的时间没有其他学生长，但对于他们来说已经是不小的进步了；从原来的不写作业，到现在的按时完成家庭作业。可见，鼓励和肯定是孩子发展的催化剂。

（三）利用少先队开展的"跳长绳比赛"活动，激发学生的集体荣誉感

跳长绳是中国历史悠久的运动，流传至今一直受到青少年儿童的喜爱。通过跳绳运动可以促进学生心肺功能的提高，培养学生良好的意志品质，还可以培养学生团结协作的精神和集体荣誉感。在班级中，由于这两个孩子的表现，同学们都不喜欢跟他们玩，班里的活动也不邀请他们参加，他们往往成为了"局外人"，于是我校开展了以班级为单位的跳长绳比赛，要求学生全部参加。他们俩不会跳，老师就教他俩摇绳，并强调摇绳的重要性，每次练习他们都会给同学们摇绳，而且配合越来越默契，最后，在比赛中，他们

班得了第一名。老师针对比赛，开了一次班会，同学们开始重新接纳了他们，他们俩不再是"二人世界"了，而是集体中的一员了。

（四）利用"走进民族园"社会大课堂活动激发学生的学习兴趣

在"走进民族园"活动中，我们事先了解到民族园非常大，各民族村寨都有各民族的特点，由于学生很多，旅行社没有安排解说。于是，德育处就在四、五、六年级中每个中队里选了四名学生（小明和小力也在其中），组成了导游团，让他们上网搜集民族园的资料，熟练掌握。活动当天，把这些导游随机的安排在各中队里，由他们带领中队游览民族园，既学到了知识，又锻炼了能力。心理学研究表明：人都具有不可估量的潜力，但只有在意识中肯定了自己的力量之后，才有可能充分发挥自己的潜力。做"导游"对小明和小力来说是自我的挑战，也是展示自我的机会，他们表现的非常好，无形中，激发了他们的学习兴趣。

（五）利用自我评价和他人评价相结合的评价方式激励学生进步

经过老师、家长、学生的共同讨论，我们制定了一个联络本，这个本有四个功能。其一，记每天老师留的作业；其二，是学生每天写出对这一天学习、生活的自评；其三，是老师看完学生的自评后，根据学校的表现进行评价，并写出对学生的期望；其四，是家长根据学生的自评、教师的评价和学生在家的表现写出评价和期望。老师和家长也可以利用这个联络本进行沟通，当然这种沟通是"光明"的，让学生看得清清楚楚，我们也会征求孩子的意见，问问他们这样写可以吗。积极的评价使这两个学生有了正确的目标，能够很好的约束自我。

通过各种有针对性的策略，持之以恒的精神，两个孩子的学习赶上来了，作业本上再没有大红叉了，和同学们的合作能力明显增强了，红领巾在他们胸前高高的飘扬着。

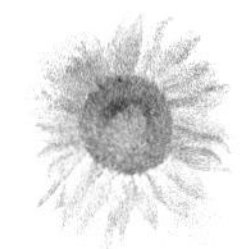

播撒赞美的种子　　收获和谐的家校关系

李晴

校园是学生每天停留时间最多的地方，学生在这里像海绵一样吸取着知识的养分；老师像园丁一样辛勤地耕耘着。无论是学生还是老师，都希望在一个和谐的氛围内学习和教授知识。教师的赞美是阳光、空气和水，是学生成长不可缺少的养料；教师的赞美是一座桥，能沟通教师与学生的心灵之河；教师的赞美是一种无形的催化剂，能增强学生的自尊、自信、自强；教师的赞美更是促进和谐的家校关系的一剂良药。

我是一名新任教师，回首这两年的班主任工作，的确感受到了这其中的辛苦，但想起孩子们称呼我"公主"、"女王"、"妈妈"、"大boss"、甚至大胆地跟我说"我们结婚吧！"的时候，又觉得特别幸福，这种幸福是在其他工作中是得不到的，下面我就跟大家讲述一下这些幸福的由来：

我的班里有这样一个宝贝，上幼儿园的时候多次作为领舞和同学们一起表演节目，她参演的舞蹈《茉莉花》被选送到电视台演出，她是舞蹈老师眼中的一颗璀璨新星，可是这样的明星宝贝在期中检测中，语文成绩却没能及格。当然，我一点都不觉得意外，因为我在家长会上和家长讨论作业的问题时，当大多数家长建议我适当布置些作业，有利于孩子学强化和巩固知识时，只有这个宝贝的妈妈认为一年级的知识很简单，不需要老师再统一布置作业，哪怕只是读读课文，妈妈还是希望让孩子多玩会儿，让孩子快乐成长更重要！听到这话我心想：难道读两遍几十个字的小儿歌就影响孩子快乐成长了？我耐心且面带微笑的听着，当她讲完我又问了问其他家长的建议，原本沉默的几名家长也赞同这位妈妈的观点。我就做出了这样的决定，我每天飞信通知大家今天孩子们在学校学了什么、哪些是重点、哪些知识孩子们掌握不是很好，至于回家后您怎样帮孩子复习巩固我不作统一要求。

当家长们对我做出的决定表示赞同时我也露出了满意的笑容。我的笑容并不是因为解决了课后作业问题，而是在我与家长相处的短短20几天里，发现了我们班的一号重点家长。她将成为我日后的重点关注对象！没过多久就迎来了孩子们小学阶段的第一次检测，我想当这位妈妈知道自己的宝贝语文没能及格时，她对作业的看法肯定会有所改变。谁想当我见到宝贝妈妈分析孩子试卷原因却得到了这样的回答"李老师，孩子考试是有点儿马虎了。可能是因为宝贝身体不太好，还没有适应小学生活，还跟我说在学校没有朋友。希望您多帮帮她，让她尽快找到好朋友。"我一听这话，原来您除了觉得知识简单外还认为成绩一点都不重要呀！当家长不重视孩子的学习时，孩子就更不重视了！既然这样，那我就另想办法吧！

有一天，宝贝的妈妈给我发来一条飞信，其中有一个电视节目名称，说宝贝在这个栏目表演舞蹈了，让我有空儿看看。正好当时我也没什么事，那就看看吧，可是我找了半天我也没找到。正当我感慨宝贝参加的什么小节目呀，要是收视率高的节目我肯定很快就能找到时。我忽然明白了，在妈妈的眼中孩子就是明星！当妈妈觉得我把她的宝贝看作明星时，那我的工作就好做多了。视频我也不找了，等着第二天把优盘给宝贝回家拷贝来给大家一起看。这样孩子的自信心就增加了不少。

课下和宝贝聊天的时候告诉她我最喜欢她大声的回答问题了，然后在课堂中就把简单的问题留给她，同学们都说她很有进步。在同学们的鼓励当中宝贝上课的时候听讲认真了，只要她一坐直我就马上让同学们看她，随之表扬她听讲特别认真，看着孩子自信的笑容我告诉她别忘了和妈妈分享你的喜悦哦！之后的一段时间里我总在课堂上表扬她，她也从开始的声音洪亮、坐得直变得写字姿势标准、发言很积极。可是，只要一做练习还是不行。我想这个宝贝可不是一个笨孩子，孩子只是很需要家长的帮助。平时都是孩子爷爷来接，是时候再和宝贝妈妈沟通一下了，傍晚我给宝贝妈妈发了这样一条飞信：这段时间宝贝已经适应了小学生活，课堂中表现得特别好，同学们经常把自己的掌声送给宝贝，说宝贝进步了很多。并询问这段时间是怎么培养孩子的呀，变化可真大！家长回复我：李老师，最近常能听到孩子说您总表扬她，孩子可开心了，很愿意上学。谢谢您对孩子的关心。就这样没过两天我又给妈妈发飞信说：咱们宝贝的思维很活跃，同学们都想不出的问题她可以想出来，真是个人才！（其实，之所以这个孩子能回答出来还不是因为我走到她跟前时悄悄地引导了一下啊）就这样我们以飞信的形式沟通了好几次，同时 也在放学的时候在宝贝爷爷面前表扬孩子。一段时间后，这个宝贝的上课状态和以前有了明显的不同。我觉得我可以和宝贝妈妈提要求了。我说：宝贝的上课状态特别好，已经成为同学们的小榜样了，相信孩子的成绩肯定也会提高很多。鉴于宝贝语文检测不理想咱们可一定要加把劲帮帮孩子哦，放学回家需要您督促复习巩固，及时查漏补缺，相信您一定没有问题

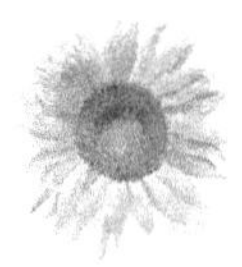

的！这条短信刚刚发出去，马上得到了这样的回复：李老师，我向毛主席保证，一定把孩子的成绩弄上去！

　　临近期末检测，一年级开了考试动员家长会，当我再次提及作业问题时，家长们纷纷表示愿意同意我适当布置些作业。这个宝贝的妈妈不仅仅同意我布置作业，还仔细的批改了孩子的作业。我当着全班同学表扬了孩子，并奖励了阳光币。接下来的日子里，也有家长效仿这位妈妈给孩子批改作业，这样我的工作量就减轻了一些。后来这个宝贝告诉我她妈妈说我是大boss，什么事情都是我说了算。我说那你检测一定要优秀哦。期末检测宝贝以非常优异的成绩给她的第一学期画上了完满的句号，我也解决了我们班的一号重点家长。我更收获了家长对我的认可，还收到了这位妈妈送来的这份特殊的新年礼物：一本厚厚的相册，里面装满了这一学期的点点滴滴，及一面写着"德才兼备　言传身教"的锦旗。

　　这件事给我启示很深，在班主任工作中，我开始注重建立和谐的家校关系。面向全体，细心观察，捕捉每个家庭中宝贝最耀眼的闪光点，及时把赞美送给每一个学生。使每个学生都感到"我能行"，"我会成功"。把这种成功也传递给家长，让家长在赞美声中配合我的工作。实践使我懂得教师一句激励的话语，一个赞美的眼神，一个鼓励的手势……往往能给我们带来意想不到的收获。请多给学生一点赞美吧，因为他明天的成功就蕴藏在你的赞美之中。和谐的家校关系就在你的赞美之中！

打造魅力班会课之我见

颜志耘

　　班会是班级德育实践活动的一个有机组成部分，是共建班级发展愿景并同心协力使之得以实现的一个重要平台，一节好的队会课会在学生生命发展历程中所起到的作用是一些好的学科课堂所不能相比的，甚至可能成为学生一生发展中的"关键事件"。队会更是中队辅导员针对班级情况对学生进行教育的一种有效方式。但现实是：中队辅导员感慨队会课难上，学生兴趣索然；有的觉得没话可说，干脆把队会课改成自习课或用来上课；有的队会课上成"批斗课""训话课"……如何让学生喜欢班会课，让社会主义核心价值观的种子在学生的心中生根发芽，充分发挥课程育人的作用，让班会课产生无穷的"魅力"？

　　我从以下几方面进行了尝试：

一、与时俱进，贴近学生的实际，在班会中解决学生的真问题。

　　贴近学生生活的教育，学生才不会排斥。队会课的内容设计一定要贴近学生，班主任要有意识地将教育内容"走近"学生，"走进"学生的生活，选择学生共同关心的话题，让每个学生都有话可说、有情可触、有感可发，方能调动每位学生参与的热情和积极性。这便要班主任平时要细心观察，深入了解学生的思想动态，要因地因时制宜，选择相应的内容，把握他们思想的热点和盲点，以便对症下药，借助于主题队会课，做好他们的思想教育工作，使他们思想上不断进步。

　　如我根据学生回家写作业，抄袭别人的；为了不让班级扣分，自己违纪，骗值日生说是别人班的；趁父母不在打游戏等现象，编创了小品《如此班级荣誉》，及时设计了一节有关诚信的队会。在队会中通过小品，故事，让学生明白诚信的作用，和不讲诚信带来的坏的后果。通过这样的一次贴近学生实际生活的队会，虽然不能让学生马上改正自己的缺点。起码，让学生明辨了是非，知道哪些行为是不正确，知道了该如何改正自己的缺点。

　　有一段时间，我发现学生丢三落四的坏习惯很严重，学生家长很苦恼，

于是我马上进行了问卷调查，了解学生丢三落四的原因，收集改正丢三落四的小妙招，和丢三落四给他们带来的烦恼，然后召开了贴近学生生活的《再见了，我的丢三落四》主题队会。

通过这种接地气的班队会，学生明白了丢三落四的危害，学会了改正丢三落四的方法，这次队会开展完后，学生丢三落四的毛病还真的有所改善。

二、形式多样化，从实际出发，围绕主题达到目标。

班会课最忌组织形式单一，如此以往学生自然会生厌。新颖活泼的形式可以让学生在充满情趣的气氛中情感得到陶冶，兴趣得到培养，认识得到提高，行为得到规范。但是，有的中队辅导员在设计队会时，往往把队会变成了才艺展示，变成了歌舞表演。这样就不能解决队员身上存在的实际问题，更不能有的放矢。所以中队辅导员在设计方案时，应该注重活动形式的多样化，更要根据学生的实际生活，原创一些作品，学生愿意看，还起到了警醒的作用，使学生在大笑的过程中，进行反思。如为了让学生明白丢三落四的危害，我根据学生的实际情况改编了《小和尚剃头的故事》。

为了让学生通过一节队会课后，能学到改正自己坏习惯的方法，我把学生所讨论的结果，和学生一起创作了诗歌——《再见了，我的丢三落四》，在班会课上和学生一起诵读。

再见了，丢三落四

再见了，丢三落四，

你就像一堵厚厚的泥墙，把我和"优秀"无情地隔开。

我要时刻谨记认真，严肃二字，

学会认真倾听，代尧：认真思考，

做个对自己负责的人

丢三落四，再见了

你像一只讨厌的小虫，让我永远也长不高。

我不会再依赖别人，

我不但要自己的事情自己做，

还要成为爸爸妈妈的小帮手，

我要让让责任的种子在心中发芽，开花、结果，

当我忘了的时候，

亲爱的好朋友，你一定要提醒我，

因为我要和丢三落四再见了，

再见了，丢三落四，

我一定要坚持不懈，战胜自己，

坚决不跟你——丢三落四做朋友，

我要学习好朋友，

把自己容易忘的事情写下来，

时时提醒自己

我要和好习惯有握手。

我想信：有志者事竟成。

我相信，只要我有毅力，端正态度

我们会拥有好习惯，

好习惯会像雏鹰的翅膀，让我们在高高的蓝天上翱翔。

好习惯会像前方的明灯，指引着我们从优秀走向成功。

再见了，丢三落四！

丢三落四，再见了

就是通过各种各样的接近学生生活的，接地气的活动，班队会课自然会变得生动、活泼起来，学生也自然会有所期待，有所收获。这就是"形式"服务于"内容"，围绕"主题"，达成"目标"。

三、班会课力求减少一点批评，让学生在活动中学会反思。

学生最害怕队会课成为"批斗课""训话课"。中队辅导员应该尽可能地在队会课上少批评、不批评，多表扬、多激励。教育的智慧在于放大学生的优点，现在的学生更渴望被认同，更希望得到老师赞许的目光。马克·吐温说过："一句好听的赞辞能使我不吃不喝活上三个月。"这句略带夸张的话体现了"表扬"的魅力之所在。每个老师都应当掌握表扬学生的艺术，特别是在队会课这个特殊的场合，老师更不应该吝惜自己的"表扬"。对于学生精彩的回答或表现，我经常会夸张地说："哇，真了不起，明星都没有你棒！"你会让外星人都为你折服的！……对于外向型的学生，我多用热情的

具有鼓励性的赞美；对于内向型的学生，我会经常竖起大拇指，投以赞许的目光，或送一个友好的微笑。对后进生多采用直言赞美，优生多采用含蓄赞美。

四、班会课及时加以引领，培育践行社会主义核心价值观。

班队会课应让学生有所获益，影响深刻。激荡或敲击学生心灵和思想的队会课学生才会心之所往，念念不忘。学生出现思考的"盲点"和"误区"时，中队辅导员若能及时予以点拨引领，让学生颔首会意，有所启发，这节队会课也会让他久久难以忘怀的。如，在一次关于道德的主题班会中，我通过电脑出示了这样一个情景：假设你拾到10000元，你想找到失主并还给他，这事被你妈知道了，你妈坚持要留给自家用，因为你家正好需要这笔钱，无论怎样也说服不了妈，这时，你会怎么做？大部分同学觉得会还给失主，也有少数学生认为应留下来给母亲。作为班主任，这个时候便要加以思想疏导了。在肯定学生能讲实话的同时，引导学生通过"换位法"让学生思考：假如我是失主会怎么样？然后向学生讲述四川青年农民"行千里路，送万元钱"的真实故事。这样学生自然会加深了思想认识，会向健康的轨道上发展。

总之，上好班会课并没有一个固定的模式。但我们必须从实际出发，把思想性、趣味性、知识性、教育性结合起来，培育和践行社会主义核心价值观，才能让社会主义核心价值观的种子在学生的心中生根发芽，才能最大限度地发动学生，做到寓教于乐，打造魅力班会课。

用生命塑造生命——我的班主任故事

王励

　　做班主任的每一天，都是陪伴孩子成长的过程；做班主任的每一天，都在付出爱；做班主任的每一天，都在收获感动。我的班主任故事，都是用生命塑造生命的故事。

　　2011年暑假，当我知道学校安排我新学期要带一年级的消息之后，我在网上买了几本书，其中一本是著名班主任薛瑞萍老师写的《心平气和的一年级》，我看着书中薛老师的班级故事，脑子里想象着以后我和孩子们的情景，期待着与孩子们见面的那一天。很快，8月29号，孩子们上午来学校报到。我和孩子们及家长们第一次见面了。我把我自己打扮的很漂亮，以我自己认为最好的状态走进教室，做完自我介绍，开始搬书、发书。我现在还清晰的记得，当我抱完一摞书，准备再下楼去抱第二摞的时候，一个坐在第一桌，矮矮胖胖的小姑娘追着我走到我跟前说："老师，您注意安全。"毫不夸张的说，当时我特别出乎预料，我的眼睛一亮，我实在没想到第一次见面的只有6岁的小朋友，会这么贴心的关心我。我很感动。这件事，我至今记忆犹新，这件事使我首先相信我和学生之间最重要的情感是"爱"。这么小的孩子都懂得关爱，我怎么能不爱我的学生呢？

　　经历了几年的班主任工作经历，我觉得要做一名好班主任，就是要做一位陪伴孩子成长的朋友，用生命去塑造生命。回顾我的班主任工作历程，我觉得做到以下两点很重要：第一，要有正确的心态。第二，要有正确的做事方法。

一、正确的心态：爱心、细心、耐心、责任心。

（一）爱心

　　面对这么一群什么都不懂的小孩子，我在想怎么让他们对我首先产生信任的情感呢？那就先试试给他们温暖的爱吧。

　　记得有一次，辉辉同学拉肚子，他跑到楼道拐角处没坚持住，就蹲下大便在了楼道里，他光着屁股走进教室的时候，孩子们都惊讶的看着他，他不

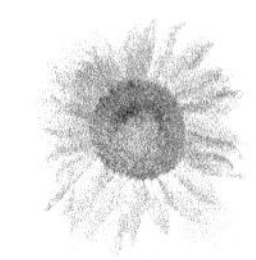

好意思的低着头，我赶紧拿了卫生纸，先把他拉出教室，给他擦干净屁股，又用卫生纸把大便全部给他弄干净。辉辉妈妈晚上给我打电话，说了很多个谢谢。上学期，辉辉的耳朵做手术了，他需要带着耳罩来上学，当他第一次带着耳罩走进教室的时候，我跟孩子们说，我们的辉辉同学回来了，他很勇敢做了一个手术，以后我们大家多了一个任务，就是保护辉辉同学，你自己不能碰、也不能让别人碰到他的耳朵。为了这件事，辉辉妈妈又给我写了一封很长的感谢信。通过这样的事情，我感受到，我给孩子的爱心，孩子们都能够感受到，孩子能够感受到，家长就能感受到，渐渐地，我不仅收获了孩子的信任，还收获了家长的信任。

（二）细心

我想，对于没有任何经验的我，处处细心做事肯定有益无害。正式上课的第一天，中午吃饭时，坐第一桌的一个瘦瘦小小的女孩，吃到一半，吐了两口，我赶紧上前给收拾干净，问了情况，孩子说没有不舒服，是吃的有点快了。我就给涵涵家长发短信了："涵涵妈妈您好，今天中午吃饭时孩子吐了一些，孩子跟我说没有不舒服，请您关注一下，孩子是这两天肠胃不好，还是到新学校用餐不习惯。有问题欢迎您和我联系。"当天晚上，我就收到了涵涵妈妈的邮件，家长觉得在开学第一天我甚至都不能记全孩子名字的时候，我居然能够对孩子关注这么细致，家长感到很惊喜与感动。

开学没多久的体育课上，两个孩子跑步不小心摔倒了，脸上有点擦伤，我带孩子去过医务室之后，也是及时和家长发短信沟通这件事，免得家长看到孩子有伤了，主动找我。没想到家长回复短信都说谢谢我的关注，孩子们跑步不小心摔倒也是正常的，没事。

通过这样的事情，我发现，学生在学校有问题，无论大小，只要我细心关注、及时主动先和家长沟通，家长都会很通情达理，同时，家长还会感受到我对孩子的关心与用心。

（三）耐心

鸣鸣是那种在学习知识方面比别人慢很多的孩子。但是，我从来没有放弃过对他的关注。只要是我的数学语文课，我们班的孩子都知道，他的回答问题次数是最多的。虽然，叫他回答问题会占用不少课上时间，但是我还是不放心总要叫他回答。因为，我一旦不找他回答问题，他很有可能什么都没学懂，时间久了，他会落下很多。我叫他回答问题，他都只能学会别人的一半，剩下的一半，我就是靠课下作业单独辅导来帮助他。当我给他讲很多遍还不会的时候，我想过放弃，但是，很快我还是转变了想法。因为这孩子有一点让我欣慰，就是他自己真的很认真，很努力的在学。他不打闹、不淘气、不走神，只是比别人慢。我怎么能放弃这么认真的孩子呢？所以，对于鸣鸣同学，我是学校里课上课下多关注，同时勤和家长沟通，甚至我会详细的把鸣鸣存在的困难知识点总结出来，并附上这些知识点的辅导讲解方法发给孩子妈妈。我对他的付出，他不会没有感觉，这孩子在去年教师节的时候，为我画了一幅画，很漂亮，家长把它装进镜框里，送给了我。看到这个礼物，我很欣慰，这种收获比一个高成绩更让我感到满足。

（四）责任心

在我知道我要教一年级孩子之后，我就开始有些紧张和担心，我担心的不是语文和数学怎么教，我担心的而是我面对这些六七岁的干净的像一张白纸一样的孩子，我该如何去引领他们？这个责任太重大了！如何去教好他们如何做人、如何做事，教他们养成好习惯、培养正确的价值观等。我做得到吗？我做得好吗？我很担心。但是，作为孩子的启蒙老师，我一定要勇敢的把这个责任担起来，才能对得起家长，才能对得起我的良心。一年级的第一次家长会上，我是这样说的，我可能不是教a、o、e最好的老师，但我一定是用心教孩子如何做人的老师。教知识，要先教做人。我既然这样说了，我就一直秉承着这个原则在做。比如，宇涵同学，他们家是外地来北京做生意的，家里开了两家饭店，家人都把心思放在忙生意上，对孩子成长关注很少。导致这孩子的性格很柔弱，尤其是对任何事情都没有积极性、对校园里的任何事情都不感兴趣。当我经过一段时间的鼓励表扬都调动不了他的积极性的时候，我约好家长到学校来聊了一个多小时之久。我了解到，孩子放学之后，家长从来没有时间问问孩子在学校的学习和生活情况，我给家长分析，这种对孩子的不关心，这就是使得孩子自己对学校的学习和生活一点积极性都没有的原因，因为家里没有人关心他在学校的这一天发生了什么，没有人关心他是否交了好朋友，美术课画了什么画。这样时间久了，会使孩子对学校生活越来越不感兴趣，更不会有积极性，会让他对生活失去热情，失去与人积极交往的能力。他体会不到学习进步的乐趣、体会不到与人交往的乐趣。时间久了，甚至会产生性格上的缺陷。分析完之后，我给家长提了一些具体的建议，每天孩子回家要抽时间和孩子聊天，聊学校生活，平时也要多抽时间陪伴孩子，让孩子感觉到你很在乎他，在乎他的校园生活，让孩子感觉到你在乎他的收获与快乐。总之，一句话，家长对孩子的关注，是对孩

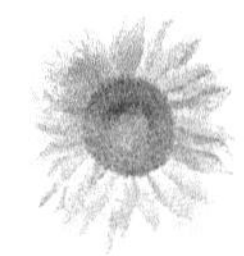

子最好的教育。过了一段时间之后，这个孩子，真是积极乐观了很多。上课经常回答错问题，还总是要举手回答问题不可。下课，总爱找我聊几句。看到他变化这么大，我真是很欣慰。春节的时候，这孩子爸爸专门在除夕夜给我打电话，表示感谢，说了家长对孩子的转变和孩子的进步。

二、要有正确的做事方法

班主任的工作太杂了，做事有方法就显得很重要。

（一）面对学生，一定给孩子尊重。

孩子虽然小，但是他们是完整的生命，是有思想的生命，他们完全能感受到我的尊重，他感受到我的尊重之后，才会尊重我，才会信任我，才会喜欢我，才会快乐与我一起学习。

（二）以身作则，积极示范。

我要求孩子做的，我必须首先做到。我不一定要求孩子做的，我也必须做出正面的示范。比如，中午看班时，我从来不和与我一起看班的老师大声说话、不与老师窃窃私语地聊与工作无关的私人话题，因为，我的学生就在我眼前，他们完全能看得到能听得到我的言行。

（三）从小事上做文章，培养学生好习惯。

比如，我们班的早读，从一年级下学期开始，我就不再采用小班干部领读的方式了。我培养每一个孩子都有早晨进教室就自觉读书的习惯。我希望进教室就读书的习惯是每个孩子自觉的行为，是每个孩子独立进行的事情。我不希望孩子的早读对老师或者小领读的孩子有依赖性。只有他学会自觉地知道什么时候该干什么事情，这才是他自己的好习惯。于是，我会把早晨进教室之后的一系列动作说的比较细致，进行一段时间的跟踪培训，慢慢地，孩子们逐渐养成了早晨进教室自觉读书的习惯。

（四）家长是我最好的朋友和助手。

有时候也会听到某某老师抱怨，班里的个别家长不配合。但是，我却觉得我很幸福。因为我的家长们基本上都很配合和支持我的工作。我之所以说我感到幸福而不是幸运，因为我知道家长的信任与支持并不是天上掉下来的，是我的付出收获来的。家长曾经这样跟说说过："王老师，是您的付出首先感动了我们，所以我们才会给您这样高的评价。"其实，我平时与家长沟通的方式很简单。要么就是放学接孩子时和个别家长聊天，要么就是飞信、QQ大面积的和家长沟通，还有就是邮件和电话。我有太多次，因为晚上和家长聊了半个多小时电话，而使吃了一半的饭凉了。

总之，陪伴孩子们成长的历程，我不仅在教学能力上取得了进步，更重要的是我收获了孩子们的爱，收获了孩子们在学习和做人做事方面的的成长，还收获了家长的信任与感激。一天天的走过来，我觉得我的工作就是用生命塑造多彩的生命。我会在这条路上继续前行。

做智慧教师——为梦想插上翅膀

张凌云

每位孩子都是一个独立的个体，他们有思想，有个性。对于很多事，他们都会有自己的看法，不同于他人。有的孩子善于表达，有的孩子善于思考，有的孩子就喜欢默默付出……在老师的眼中，总会依据自己行为意识自觉或不自觉的把孩子分成所谓的好学生、差学生。一旦我们心里有了这种定式，我觉得问题就会出现了。我们就应该进行自我的反思了，反思为什么孩子做不到自己的要求，是哪里出现问题。而这些正是孩子存在个体差异所出现的问题。每个孩子都是不同的个体，他们的接受能力，处理问题的能力往往不同，我们要用不同的眼光来看待他们，为他们能实现自己的梦想而奋斗。

说到个体差异，我就想到一句俗语："一双手，十个指头伸出来有长短。"一双手都有这样的差异，更何况一个人。在我们现实的教学过程中，对学生的不同表现，我们更多是以学生的思维方式，将学生分个等次，而没有用不同的眼光和思维去区分学生不同的表现形态。我喜欢发现身边的美，喜欢用不同的眼光看待每一位孩子。对于不美的现象，我也会找到存在不美的原因。

我们班的小马同学，她是一个内向、非常拗的孩子。父母在学校附近卖水果，平时很忙，也没时间管孩子。甚至连接孩子的时间都不能保证。对于学校的要求，妈妈能按要求做到，但是爸爸有的时候就做不到。比较溺爱孩子。父母有的时候会因为孩子回家先写作业还是后写作业而争吵。孩子本身上课注意力不集中，经常走神，不按时完成作业，总有自己的主意。每天的校内作业都得揪着才能完成。很多老师跟我反映孩子的问题，引起了我高度的重视，如果视而不见，不去管她，她肯定会被大家落下的。针对小马的问题，我并没有用要求别人的方式来要求她。而是在于她交流后，我知道她喜欢打篮球，想参加篮球队。我就找到练篮球的老师，和老师聊了她的情况。因为新的方式，新的事物，肯定能激励孩子。我觉得每个孩子在发展的时候都需要得到尊重，她喜欢，就让她去做。但也是有小小的条件的，打篮球可以，前提是把作业都按时完成了。打上篮球之后，作业还是拖拉，每次都要留下来写完才能去。有的时候我下去放学，让她在班里写，回来时有同学说他说

自己写完了就走了，我这么一看，全都是瞎写的。看着小小的姑娘，确实很有想法。我就找到他的教练，又一次交流这个问题，又找到家长，把这个问题重新和她说好，约定好。真的停了她一个星期的训练。在这一周内，她有了明显的改变。上课开始跟着我走了，课间还在积极的完成作业。有不会的问题知道找老师、找同学问了。确实有了新的成长。从第二个星期后，她就能边训练边认真地完成作业了，而且两件事处理的都特别好。后来找到父母进行沟通，溺爱孩子的爸爸也很赞同我的做法，现在特别支持我的日常工作。

小立同学，父母是做生意的，孩子特别机灵，特别懂事，但就是管不住自己的嘴。总是爱说，无论同桌是男是女，是听话的还是不听话的，是老实的还是平时就很内向不爱说话的，他都能聊起来，非常有的说。尤其是在集会的时候，总能听见他在那碎碎念叨。能说这一点，既是优点也是缺点。优点就是传达老师的信息特别的准确，特别适合平时的"外交工作"，上课回答问题也特别的积极。缺点就是举不举手就回答问题，太影响老师上课了。科任老师一提到小立，真是又爱又恨。我就利用他这个爱说，能说的口才，每天利用晨检时间读个成语故事给大家听。上课就让他起来回答问题，英语老师就会让他一直带读，最大的发挥他的优势，让他自己的劣势也变为优势。在处理他的问题上，我和家长、任课老师商量了多次，终于在我们的努力下，孩子有了进步。每个孩子在发展的过程中，必须要让孩子把自己与别人的差异展示出来。也许我的语数英成绩不如你，但是我会为人处世，身边有很多的朋友。

很多的男孩、女孩哪个没有做个上天、下海的梦。他们的作文总会说想成为宇航员，想成海军，想成为发明家。他们的梦想在我们看来不切实际，不可能实现。但在他们眼中，这些就是很近很近的梦，只要努力就能成功的。同样的一个东西，为什么在我们眼中就很可笑，在他们眼中就很有可能呢？是因为我们在生活面前，慢慢的放弃了自己童年的梦想，所以认为他们的这些梦想不切实际。如果在我们的生活中，多一些发现美的眼睛，多把每个个体看透，多为他们着想，相信他们的梦将不再是梦，我们将为他们的梦想插上翅膀，让他们在自我的舞台中尽情的演绎。

我们需要给孩子空间，让他们在自己的空间里充分展示自己。让他们在自己的约定下，找到适合自己的学习、生活方式。力求尊重每个个体，同样让孩子学会尊重他人，包容他人。从而实现他们的梦想。让我们继续做一个筑梦者，为他们插上梦的翅膀，带他们自由的飞翔。

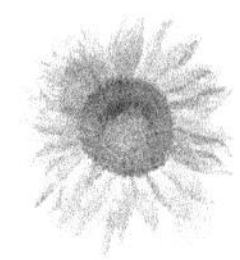

在信息技术授课中渗透德育之初探

王婧

在从事小学信息技术教学之前，我也曾参与过一段时间的德育工作。那时候接触到的德育教学基本形式就是说故事、讲道理，老师疲于丰富教学内容、创新教学方法，学生疲于接受空洞说教、参与课堂活动，德育工作时常陷入干巴枯燥、苍白乏力的窘境。其原因大概就是德育教学的知识含量低，一些平淡无奇的故事和道理对于好奇心重、探索性强的中小学生来说，无法引起他们的兴趣，导致教学效果无法有效提升。

经过这一段时间担任信息技术的教学，我发现充分利用孩子们对于计算机和互联网技术极大的兴趣，适当地加以引导，就可以很好地将德育渗透到课堂教学中去，从而起到事半功倍的效果。正如小学信息技术课程指导纲要中指出："培养学生高尚的道德情操和健康的审美情趣，形成正确的价值观和积极的人生态度，也是信息技术教学的重要内容，不应把它当作外在的、附加的任务，应当注重熏陶感染，潜移默化，把这些内容贯穿在日常教学工作之中。"

下面简单介绍一下我在实际教学中渗透德育的一些做法：

一、独特的"1-2-4"课堂教学模式

针对小学生的心理特点，经过不断的实践，我摸索出"1-2-4"的课堂授课模式。具体来说，"1"是指让学生轮流扮演老师的角色进行讲解授课，把主动权交给学生，充分调动他们的能动性和积极性；"2"是指双人互助，在学习中实行"一帮一"，以此提高学生学习的针对性和效率，同时激发他们的责任意识；"4"是指以4人的小组为单位在全班范围内展开竞争，小组内每一人次回答对一个问题给本组记1分，每一人次违反纪律给本组减1分，4个人分工协作，争取在最短的时间内高质量完成每节课的主题任务，在培养学生团结合作与正当竞争意识的同时，强化了其遵守纪律的意识。经过一段时间的实践，我发现课堂上交头接耳、各行其是的少了，认真听讲、积极发言的多了；沉默寡言、自顾自学习的少了，互相帮助、积极讨论的多了。课堂

纪律和学习氛围都得到了极大的改善。

在这个授课模式中，环节"1"利用了学生表现欲和控制欲强的特点，引导他们通过当老师的方式得以满足，这就促使他们积极进行预习和备课，学习效率和责任意识同时得到了提高。环节"2"利用孩子爱比较的心理，引导他们从他人身上找自身不足，促使他们努力学习，同时引导他们利用自己的长处帮助别人，培养乐于助人和负责任的品质。环节"4"则利用了孩子们自尊心强的特点，引导他们通过自己的努力为团队增光添彩，使自己的团队脱颖而出，在这个过程中，孩子们的团队精神显著增强，对自身的要求也不断严格起来。

二、在课堂环节中渗透德育

在授课过程中注意课件素材的选取，将德育工作渗透到课堂教学的每一个细节中去。信息技术作为直接与计算机打交道的课程，对学生有着其他学科无法比拟的吸引力。在设计授课环节时，我有意选取适当的素材，设置一定的主题，不失时机地对学生进行德育渗透，达到"教书"与"育人"的双丰收。

比如在进行文字输入练习时，我给学生选取了爱国主义教育的文章，让学生在练习打字的同时受到了爱国主义教育，达到了"润物无声"的效果。又如在讲授幻灯片制作的课程前，我先向学生展示了一个用全国各地美景图片制作的幻灯片，激发学生学习制作兴趣的同时，引发他们对祖国大好河山的热爱，而且适时地激励他们好好学习，学好本领才能到这些美丽的地方游览参观，对他们的学习热情也是极大的激发。再如在学习"搜索技巧"一课时，我设置了"我国水资源现状"这样一个主题，让学生在学习搜索技巧的同时了解我国淡水资源情况、水污染情况等，让他们认识到我国大部分地区存在淡水资源缺乏这样一个事实，从而自然地让他们养成节约用水的习惯，树立起良好的环保意识。

此外，我对每节课的导入阶段精心设计，结合课程的内容巧妙进行思维和情绪的引导，使其在不知不觉中接受了一次思想品德的教育。比如在学习搜索技巧前，通过简要介绍国内最大搜索引擎百度及其创始人李彦宏，号召学生以其为榜样，鼓励他们努力学习，做一个对国家和社会有用的人。又如在指法训练前向学生展示优秀打字员的操作视频，让学生渴望熟练掌握指法，然后顺势解密打字熟练的技巧，让大家明白"只要功夫深铁杵磨成针"

的道理，鼓励大家勤于练习。

三、课堂纪律严要求，使用设备制度化

鉴于上机课容易出现秩序混乱的情况，在第一节信息技术课时，我就明确课堂纪律，并且制定了一整套上机课的程序和要求。由于信息技术课在专用教室上课，班级的约束力小，学生的自觉性降低，容易出现不穿鞋套进机房、桌椅乱摆、桌面凌乱、乱扔杂物等现象。对此，我从第一次课就申明上课纪律，将一些要求程序化和制度化。

首先是课前阶段，要求学生做好预习，检查课本与鞋套是否带齐；上课期间，按照学号对应机器号对号入座，对照机器的登记本检查是否完好正常；下课后，及时填写机器使用记录，将桌面收拾整齐，座椅摆放到位。

然后，我号召学生发挥主人翁精神，像对待自己的教室那样对待机房这个公共教室，并且呼吁他们换位思考，当自己进入到一个凌乱不堪的机房时心情是怎么样的，而进入一个整洁有序的机房时心情又是怎么样的。同时，在介绍有关计算机基础知识的时候，我特别强调了在Windows中关机的步骤，即屏幕上出现如下信息"你可以安全地关闭计算机"时，才能关闭电源，而不能直接关闭电源，或者只关闭显示器而不关闭电源。并且使他们了解了为什么要这样做的原因：延长计算机的使用寿命，保护计算机内数据的安全。通过以上做法，学生基本都能养成良好的习惯，这对于他们形成自律意识很有帮助。

此外，由于多个班级在同一机房上课，有时会出现学生上课时建立的文件或文件夹被删除的情况。出现这种情况后，我随即向学生讲明了随意删除他人资料这种行为的性质，使他们认识到事情的严肃性和严重性，不仅让他们懂得了尊重他人的劳动成果，更使得他们对这种行为的认识上升到了遵纪守法的高度。

四、为人师表，身正为范

注意自己的一言一行，发挥表率作用，用实际行动感染和影响学生。"学高为师，德高为范。" 这就要求教师不但要有广博坚实的业务知识，而且要不断充实和更新，要有强烈的责任感和敬业精神。德育教育既要言传，又要身教，处处为人师表，凡是要求学生做到的，教师要先做到，用自己的爱心和人格魅力感染影响学生。

教师在学生心目中具有很大的权威性，容易成为学生模仿的对象，利用好这一点，也可以在潜移默化中影响学生。如果教师在课堂演示的时候，特别是在保存或另存文件的时候，注意不把用户文件建立在所用系统软件的子目录下，就会使学生在潜移默化中养成把用户文件分门别类地存放，为文件取个好名字（便于识别）的好习惯。如果老师随便给文件取个名字之后，又随便放在一个文件夹里，就会把坏习惯传给学生，会影响学生良好习惯的养成。

我的具体做法是在授课和日常接触中，我都做到用语规范礼貌，给学生树立文明礼貌的榜样；教学中运用灵活多样的教学方法，多表扬、少批评，多鼓励、少指责，激发学生兴趣，树立乐观向上的学习态度和学习精神；在课堂教学活动中，结合学生的认知水平设计不同难易程度的活动，充分调动他们参与的积极性，对成绩差的同学尽可能予以肯定，激发他们的学习热情，保护他们的自尊心和学习积极性。

只要细心发掘德育工作和学科教学的最佳结合点，并在备课的同时注意将二者融为一体，都可以让学生得到"随风潜入夜，润物细无声"的潜移默化教育作用，而不会使德育成为空泛的口头说教，从而很好地促进学科知识的学习，为学科知识的吸收起到推波助澜的作用。

以上是我根据自身经验总结出的一些在信息技术授课中进行德育渗透的方法。在如今德育工作要求越来越高的情况下，如何更好地将德育贯穿于学科教学当中，提高德育工作的针对性和成效，成为每个老师必须面对的课题。作为信息技术学科教师，我们要做有心人，充分发挥学科特长，深入挖掘教材的德育内涵和搜集德育素材，加强自身的修养，在教学过程中有机地进行德育渗透教育，使学生在无形中接受了德育，培养了良好的信息素养，最终使之成为符合信息社会发展需要的一代新人。我相信，经过我们的努力，信息技术会在教育这块沃土上遍开德育之花。

参考文献

[1]张颖. 信息科技教学中的德育渗透[J]. 中小学信息技术教育，2005.

[2]鲁洁，王逢贤. 德育新论 [M]. 江苏：江苏教育出版社，2002.

[3]薛维明. 中小学信息技术教学论[M]. 北京：清华大学出版社，2002.

美术课堂评价中的那缕阳光

吴玉红

新课标强调，教师要把评价主体转向学生，让学生由被动的评价者转向主动参与者，从而调动学生学习的积极性和主动性。因此在课程改革以来，教师对于学生作业的评价在观念、方式上都有了一些变化。我在教学中为了激发孩子积极性，更便于我的课堂管理，我挖空心思的为孩子制定了一系列的评价方案。以"小花"和"蝴蝶"作为奖励。效果明显，所以我就得不停地剪小花剪蝴蝶。其工作量可想而知。就在此时学校启动了"赤橙黄绿青蓝紫"七色阳光评价方案。统一印发了阳光币，终于不用一有空就剪小花剪蝴蝶了，真是一场及时雨啊！

我们可以看到同学们的学习积极性提高了，学习能力、水平、评价能力都的有了很大的进步，以下是我在教学中的的一些具体做法。

一、转变评价理念

美术新课标告诉我们"评价的核心是促进学生发展，要放弃传统的等级评价模式，在评价中体现美术的多样化、个性化、创造性等特征"。回顾过去的作业评价体系，过分强调技能，例如把"像"与"不像"作为作业优劣的评价标准。评价标准的成人化，忽略了学生的个性和创作激情，久而久之，有创造力和独特想法的学生因为基本功弱或不适应教师的评价而被忽视。因此，我们必须遵循新课标的精神，树立全新的美术课堂作业评价理念，放弃"好与坏，像与不像"，通过学生的课堂作业关注学生的个体差异性，关注学生的创造能力。

（一）提倡激励作用，激发兴趣。

小学美术教育首要的任务是让学生形成对美术学习的兴趣，为他们的全面发展和终身学习奠定基础。在小学阶段，美术教学评价应成为促进和激励学生学习的动力。通过评价，让每个学生树立起自尊心和自信心，感到自己是美术学习的主题参与者。

（二）注重综合评价，发展潜能。

评价不仅要关注学生的学业成绩，而且要发现和发展学生多方面的潜

能，了解学生发展的需求。在学业评价的范围上，不仅应该由美术学科的知识能力，还要关注学生在学习过程中的参与意识、合作精神、审美情趣、态度爱好、构思创意、探索能力等全方面的综合评价。

（三）尊重个性差异，多样评价。

学生发展的差异是客观存在的，学业评价应体现分层教育、因材施教，要保护学生的个性特长，充分挖掘学生自身的潜能，使每一位学生都能看到自己的进步和闪光点，从而树立起学习的信心并在原有的基础上得到提高。

从理念上看，很明显评价是为了学生发展，就其内涵，实质上是把学生作为评价的主人，引导学生通过评价更好的理解所学知识，激发学生对学习的兴趣，建立以激励和鼓励进步为目的的发展性评价，使学生更好树立信心，根据自身特点，明确努力方向，不断地发展。

二、实施阳光多元化的评价方法

爱与尊重是教育的出发点，教师要以表扬为主，利用"皮格·马利翁效应"，让学生相信自己画得不错，有能力画好，从而保护学生自尊心，增强他们对学习美术的自信心，对美术产生浓厚兴趣，这种信心和兴趣反过来又会成为一种学习的动力，使学生最终取得成功。在美术作业评价过程中树立积极的情感意识，创设平等、和谐、尊重、民主的师生关系，使学生在与老师的交互中，学生与学生的交流中获取尊重、平等的信息，激发学习绘画的兴趣，从而得到自我实现。以下就是阳光多元化的评价具体的做法。

我首先对如何更好的使用阳光币，让其发挥最大效益！进行了深入的思考！

首先我们把我校的阳光教育作为指导核心，以美术新新课标为指导思想：课标中指出：

实施义务教育阶段的美术教育，必须坚信每个学生都具有学习美术的潜能，能在他们不同的潜质上获得不同程度的发展。美术课程适应素质教育的要求，面向全体学生，选择基础的、有利于学生发展的美术知识和技能，结合过程和方祛，组成课程的基本内容，并通过有效的学习方式，帮助学生逐步体会美术学习的特征，形成基本的美术素养，为终身学习奠定基础。

有了核心与理论基础的支撑，我们开始了探索：

长期以来，我们对学生行为表现的管理评价，多数执行的是传统的"扣分制"，从根本意义来说，它在一定的时期的确起到了一定的作用，也的确

在某种程度上抓住了班级、学生的"命根"。但是，随着时间的推移，时代的发展，儿童的换代更新，我们不难发现往日里孩子们那信任、热情的目光越来越少，取而代之的是一种漠视、平淡，甚至有的还加杂着一丝厌恶和恐惧的目光。如果再大面积地推广"扣分制"管理评价，那么很有可能学生与我们越来越疏远，进而对我们教育者产生厌恶，甚至还会迁移到学习上，造成成绩下降、信心受挫、尊严受损……从教育和孩子身心健康发展的角度来说，都将会产生十分不良的影响。

在我长期的观察研究中，我发现学生的行为表现和学习表现，是有一定联系的。但凡是在生理上正常的儿童，它们之间的差距除先天遗传因素外，在同一环境下，也就主要体现在自律能力的差距上。而这种自律能力的培养，应首先激活、唤醒、树立、培养孩子们那种原有的虚荣心、自信心、自尊心……

然而这些的实现，就必须有一种良好的激励评价方法，因此我们"加分制"便应运而生。

所以我们教研组一起制定评价的标准：

1.按时，安静的到美术教室走廊等待。　　　　　　　　+1分

2.学具按要求带齐。　　　　　　　　　　　　　　　　+1分

3.安静踏实的作画。　　　　　　　　　　　　　　　　+1分

4.按时上交作品。　　　　　　　　　　　　　　　　　+1分

5.作业效果好。　　　　　　　　　　　　　　　　　　+1分

经过计算：每学期20周，每周2次课，一个学期40节美术课，学校为每个孩子下发了30元阳光币。每次课合不到1元。但是减去复习周，开学准备周，还有没按要求做的孩子。大概一估一节课大概能合到1元。最后我们决定每5分可以兑换1元的阳光币！每两周兑换一次。

美术学科阳光币积分记录表

_______年级_______班_______第小组

姓名				
第一次				
第二次				
第三次				
第四次				
总　分				

这是使用后的记录表：

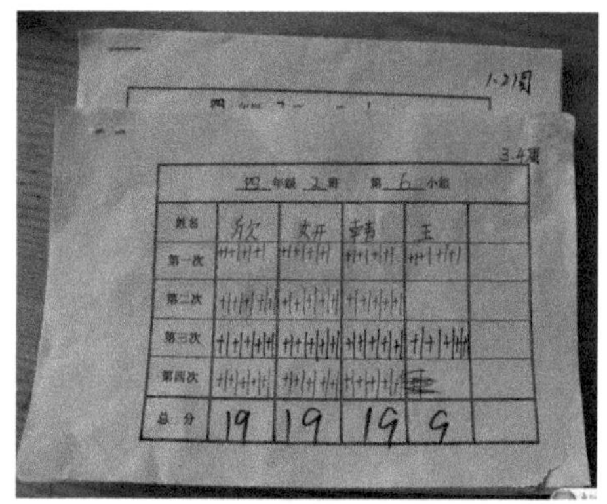

在使用本方案的过程中，孩子们有了呼声：因为每两周兑换一次，所以兑换后就清零了，下一个两周又重新计算了。比如上面得19分的孩子就只能得到3元。白白的浪费了4分。孩子就觉得万分可惜！总是找我想把下一个两周的分数借过来用。更有胆大的孩子直接来求我，保证下次做好，您就给我加一分吧，要不我的4分就白费了！借也不行，求也不行。还不能保护好孩子对我们美术的热情。我就又开始想招了。我的办法是给孩子挣金豆的机会：金豆是万能的，就像麻将里的会儿，扑克里的大王。它可以储存，在关键时刻可以顶一分。

这是我的金豆记录表。

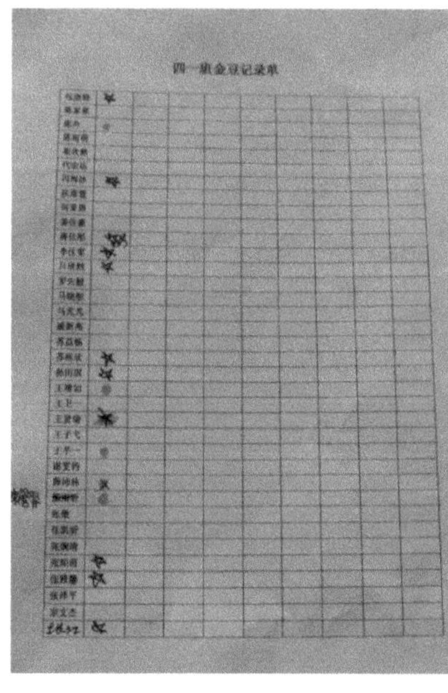

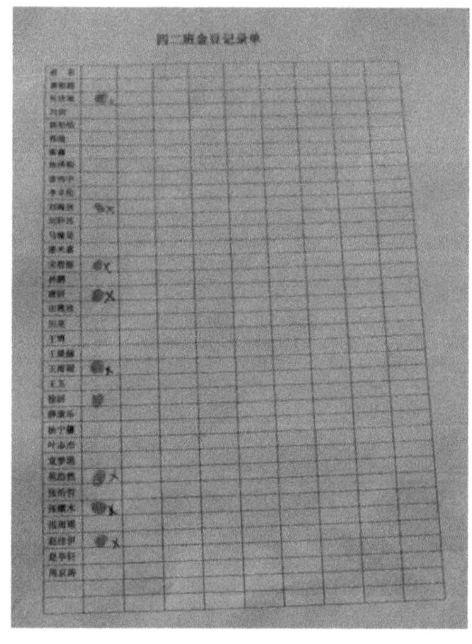

　　关于金豆的发放，那就灵活了。可以在自己的空闲时间到美术教室做义工，经老师查收可以得金豆。比如我在讲虎头装饰一课时。讲到虎头上的牡丹、石榴等图案的寓意时。有个孩子很完整的向大家介绍：牡丹的寓意是富贵吉祥，石榴的寓意是多子多福。这种情况我就大力表扬的同时，奖励他一枚金豆。（金豆记录还有一个小插曲）还比如让三年级的孩子提前搜集本学期要用的资料。比如：在本册的画画古树和北京的古塔。我就建议她们到北海或昌平的银山塔林看看两座塔有什么不同，去故宫皇上的后花园看看古树的特点。到时以照片为证，加金豆。当然也可以在网上查找，已打印的资料为准加金豆。

　　这一补充方案的实施，孩子们对美术的热情就更高了。美术教室经常有人来做义工的。所以美术教室时时光亮如新！

　　她们中的许多人也真的到北海等地看塔，到皇帝的后花园观察古树的纹理。

　　我坚信通过这些有效的学习方式，帮助学生逐步体会美术学习的特征，形成基本的美术素养，为终身学习奠定基础。

　　亲爱的老师，随着时针的转动，当一只只美丽的蝴蝶从我们的手中破茧而出在阳光下翩翩起舞的时候！那就是我们的幸福！

小学英语教育与生命教育初探

刘蕾

尊重生命

尊重生命，就是要尊重生命本身的尊严和价值。生命是神圣的、珍贵的、我们要尊重生命。尊重生命的价值，当然不但要尊重自己的生命，更要尊重他人的生命。人要有基本的善良品质。爱惜自己的生命，这可以说是本能，但人不只有这一个本能，人还应该有另一个本能，就是同情别人的生命，同情一切生命。[]如果只有前一个本能，没有后一个本能，那就和动物差不多。中国和西方的哲学家都非常重视同情这个本能，它是人性中固有的因素，是人区别于动物的起点，而且把同情看作是道德的基础。每一个体本身，都具有不容忽视的品格，小学生更是如此。孩子们天真活泼、心理比较幼小，我们教师更要学会去尊重学生，而不是借自己的社会地位来压抑学生的人格。每个孩子都需要我们用充满爱的眼睛和心灵去发现他的优点，他的价值，只要我们稍微予以引导，一定会发挥成为更大的长处。在亲身任教的经历当中，这样的孩子给自己的教学生涯留下了深刻的印象，并且让我在挖掘学生生命价值的基础上更好地提升自己的各项能力，拉近了与学生之间的距离和关系。

尊重是相互的，教师尊重学生，平等对待学生，对待每一个鲜活的生命，理解孩子生命的天性，学生内心自然而然能够感知并且产生回馈，从而师生之间产生良好融洽的关系。

【案例分析】

有一群一年级的孩子们，在平时与我相处关系十分融洽，他们会送一些小礼物给我，有的是自己手工制作的，可能不太精美，可能比较简陋，还有的孩子在路上捡到什么好玩的也拿来送给我，比如大大的树叶子、碳素笔上的小装饰等。如果按照成人的标准来判断的话，这些东西很可能得不到喜欢，就好像我们平时随手一扔的小垃圾，甚至不屑一顾。但它们都是孩子们小小的心意，证明他们在对自己进行反馈，发自内心地愿意接触自己，所以我总是会很真诚地告诉他们："谢谢你们的礼物，老师很喜欢"，并且真正

地保存下来，因为我站在孩子的视角，尊重孩子的想法，想他们所想，自然会与他们更加贴近，并且潜移默化中给他们生命以积极的影响，比如学会关怀他人、尊重他人等。

师生关爱

【案例分析1】

在接触过程中，我发现班里有个孩子，容易生气，对别人不太友好，而且也不喜欢英语。我在刚开始的时候只是生硬地提醒他，上课注意听讲，他总是气呼呼的，效果并不太理想。于是我及时地进行了反思和分析，对待这样的孩子，我应该给予更加细微的生命关怀，关注他的心理、生理，从而走进他的内心世界。后来我在学校超市附近遇到他，同他像朋友一样，轻松自然地交流。第二天上学他和同学自豪地说，"我昨天放学见到英语老师了！"此后我上课继续鼓励他，他逐渐对我敞开心扉，上课积极参与，见到我主动问好，有了一定的转变。

【案例分析2】

有一次，上英语课前，有个淘气的孩子令我哭笑不得。上课了，他躲在门后，学生到处找他。他看见我，还对我做鬼脸。面对这样的情形，我一下子有些不知所措，但是并没有朝他发火。下课后，我找到他，单独和他说："老师找不到你多着急啊，妈妈要是找到你是不是也很着急。"可能无意间这句话触及了这个七岁孩子的心灵，他现在虽然上课还会走神，但是我每次提醒他他都会努力克服。可见小学英语教育教学过程中对生命意识培养的重要性。

生命关怀

生命教育是从生理、心理和伦理三个层面关怀小学生的生命历程，帮助学生认识到关怀和尊重他人生命的意义和重要性，扎实走好人生的每一步。小学英语教育具有鲜明的生命性，课堂教学应从关注"人"的生命开始，以生活世界为根基，以成全每一个生命为指标，以生命发展为基础，尊重生命的独特性、关注生命的整体性、发掘生命的创造性，使课堂教学不仅成为学

生学校知识与技能的过程，也是对学生与教师人性的陶冶、灵魂的洗涤、人格的提升与生命生长觉悟唤醒的过程。

【案例分析3】

今年的教师节，各位教师都会收到各种各样精美的礼物，我也不例外。有个六年级文静内向的小姑娘，在上课过程中，我发现她不爱发言，不能够积极参与到课堂当中来。于是我查阅了一些资料，对这个孩子进行了日常生活中的"赏识教育"，夸她跳健美操特别美，并且鼓励她上课回答问题。也许平时的一点一滴改变不难发现，教师节的时候趁我放学的时间，她送到我办公室一盆绿植，并带有一张心形卡片写上祝福语"祝英语刘老师教师节快乐。"只有那么一刻，我深刻感受到了师生之间的关爱，我们互相爱着，发自肺腑地关心对方。当你关爱一个生命个体，充分体会对方的心理，一定会得到孩子如春光般温暖的爱心。

【案例分析4】

有个学生上课总是跑到教室外面，可能是生理上不能够完全控制自己的行为。这个时候作为教师，千万不能给孩子"贴标签"，这么几岁的孩子，如果老师认为他怎么样，其他学生一定会纷纷效仿。所以我没有放弃她，在英语课上鼓励她读单词，经常对她微笑。后来听到她经常和其他老师说要找英语老师，她喜欢英语老师。对于学生的关怀多么重要，不能只关注到孩子们的表面，更要看到他们的内心，其实孩子是向一点点变好的，千万不能通过自己不恰当的行为抹杀了生命的美好品质，没有有问题的学生，只有有问题的教师，也许"差学生"的出现是因为老师没有给予充分的生命关怀和关爱，学生没有感受到爱，学习自然不会快乐，生命的价值也就难以体现。

存在问题

当然，生命教育虽然被越来越多的教育者所重视，但目前的小学生命教育还是有一些问题的，需要我们每一位教师去重视、发现和解决。就我自身而言，对于我的学生，生命教育的程度还是远远不够的，因为课堂常规的管理、日常的教学是教师的主要工作部分，我要逐渐更加明确地将生命教育英语学科教学、举办趣味活动等当中去，及时准确地把握生命教育的契机，尽最大可能让小学生认识到生命的可贵，把握生命的价值，并且能够逐渐养成优良的习惯，内化于心才能外化于行，从而传递生命的真善美。

小学英语教材中渗透的生命教育

英语教材中渗透着丰富的人文因素，蕴含着节日，习俗，健康，安全，生命等题材的教学内容。并且《英语课程标准》指出："英语课程的学习，既是学生通过英语学习和实践活动，逐步掌握英语知识和技能，提高语言实际运用能力的过程；又是他们磨砺意志、陶冶情操、拓展视野、丰富生活经历、开发思维能力、发展个性和提高人文素养的过程。"[2]这就要求我们在英语教育中必须加强人文教育。教师应对学生进行热爱生活、关注安全、珍惜生命、重视自然等意识的教育。在英语教学中，教师要把握教材，借助文本传递的情感，唤醒学生的生命情感，使文本传达情感和学生独特情感融合起来，促进学生思想认识的提升，慢慢地形成健康的人格。

英语这一学科，在教材中有关生命教育的渗透，需要我们因"材"施教。注重根据不同年龄段学生的身心发展特点在学科中渗透生命教育。在不同年龄段的学生身上，对于学习知识的方式和内容都有着不同的需求。如低年级的学生喜欢一些直观的、有趣的东西，英语教学中渗透类似学生热爱父母、老师、同学，朋友等容易被他们理解教育。在中高年级的教学中渗透国家意识、文化认同、人格的教育。如西方重要的节日如圣诞节、万圣节、感恩节、复活节等节日的习俗，来历，活动，意义等。如渗透在公共场所要遵守各项规则，做珍爱生命的文明小公民的教育，不乱丢果皮纸屑，不大声喧哗，讲文明，守秩序。

【案例分析1】

在讲解节日的单元时，我会拿中外节日作对比，让学生了解中西文化差异，培养他们的爱国意识，让他们学会尊重生命。

【案例分析2】

在食物这个单元，通过学生自由交流，了解彼此的生活方式和饮食习惯，适时进行评价，建议学生改掉不良生活方式和饮食习惯，积极锻炼身体等等。让学生在小组中进行讨论学习，让学生在交流中体验生命的珍贵、友情的可贵。只要教师充分挖掘教材，是可以找到有关生命教育的素材的。引导学生尊重他人，尊重生命，形成积极向上的生命观。

提出建议：英语绘本渗透生命教育

生命教育的本质是健全人格的教育。在绘本教学中融入生命教育，不失为一个良好的途径。对于处在词汇量有限的小学生尤其是低年级的孩子来说，开设一门以生命教育为主题的绘本阅读课特别重要。它既拓宽了小学教材资源，使得小学教师能借助绘本，在听说读写的综合性活动中，提高低年级孩子听说读写的综合能力，培养其对阅读的兴趣，对美的感受力，丰富的想象力，对周围世界的认识能力，又在教学中加强了生命教育的渗透，培养珍惜、尊重自己和他人生命的态度，获得健全的人格。

英语绘本最大特点是以故事为核心。它由很多个英文故事组成，这些故事完全基于孩子的生活体验和心理特点，孩子们特别喜欢，完全是一片孩子的生活乐园和精神天地。英语绘本既关注孩子的心理体验和心智成长，也彰显了对孩子人文情感的关怀。让孩子学习阅读英语绘本故事，不仅能学到地道的英语，还能历练心智，真正体验中西方文化的差异。

【案例分析1】

和学生们一起阅读绘本故事《再见了，艾玛奶奶》，给我的感触特别大。小学生的生命教育中，死亡教育是不能避免的话题，这一故事将艾玛奶奶去往天堂的故事讲述地平淡自然，易于儿童接受，绘本的形式给孩子对于死亡产生了初步的感知，这种对于死亡的认识在小学、儿童生命初期又是十分必要的。

结语

总体来讲，生命教育确实被越来越多的人重视，我们要继续检出唤起小学生命教育的重要性。在小学英语教育教学中结合教材对学生渗透生命教育，帮助学生健全人格，实现人文关怀。

参考文献

[1]《人文教育论》

[2]《现代小学人文教育》

[3]《小学英语教学法》

[4]《生命教育指导纲要》

[5] 张照丽. 论英语教学中的生命教育维度[J]. 商场现代化，2010，14：189.

[6] 马云多. 生命教育与中小学英语教学[J]. 牡丹江教育学院学报，2010，05：155-158.

[7] 高慧敏. 浅议如何将生命教育与英语教育相结合[J]. 科学大众（科学教育），2012，04：23.

[8] 黄华. 生命视野中的英语课堂教学研究[D]. 湖南师范大学，2008.

[9] 温海花. 论生命化英语课堂教学[D]. 福建师范大学，2009.

浅议小学生诚信教育的对策

季明茹

李晓东认为，小学生一般是指处于童年期（六七岁到十一二岁）的个体，这一时期的儿童开始进入正式的学校，接收系统的教育，不但学习文化知识，掌握一定技能，而且还要养成良好的道德行为习惯。诚信教育是贯穿人一生的教育，而小学阶段是一个人个性、人格与性格形成的关键期，采取行之有效的诚信教育对策既有利于小学生形成健全人格，从小做一个诚实守信、遵纪守法的人，又有利于社会的和谐发展与国家的繁荣富强。具体的诚信教育对策为以下几点。

一、注重教师队伍建设，提高教师素养

教师是对小学生进行诚信教育的直接实施者，因此要重视教师队伍建设，发挥教师在培养小学生诚信品德方面的主导作用。主要从以下三方面进行。

第一，促进教师教育思想上的转变，确立诚信教育方向。首先在教学指导思想上，要关注学生的全面发展，而不是只关注学生成绩是好还是坏。其次，在教学主体上，要以教师为中心向以学生为主体转变，把课堂还给学生，发挥学生的主体作用，激发学生从内心渴望诚信的内在动机，促进学生诚信品质的养成。最后，在教学评价上，不以单一的成绩作为衡量一个学生是否优秀的标准，树立全面发展与个性优势发展相结合的新观念。

第二，提高教师德育素质。学无止境，教师应该不断学习道德教育理论，了解小学生的认知发展特点和道德发展阶段的规律，根据小学生道德认识发展的特点进行适当的引导与教育。如果诚信教育内容过高，超过学生的道德经验水平，就会变成无用的空洞说教，从而大大降低诚信教育的效果，相反，如果诚信教育内容低于小学生的道德经验水平，就无法引起小学生的学习兴趣，诚信教育效果依然不佳。例如一年级小学生处于他律水平，具有绝对服从权威和善于模仿的特点，教师就要发挥自己在小学生心目中的权威地位，在教育教学活动中，利用诚信小故事等易被小学生接受的形式向小学

生宣传诚信在一个人成长中的重要作用。三年级的小学生自律性有了一定的发展，表现出明显的独立性，认知发展的主要特点是从形象思维向逻辑思维过度。教师在对小学生进行诚信教育上，就可以适当地将侧重点放在和小学生一起去分析诚信小故事中蕴含的道理上，发挥小学生学习的主动性，让小学生从内心里逐渐深化对诚信的认识。五六年级的小学生大部分有了自律水平，教师要充分关注此阶段小学生的心理特点，切不可长篇大论地对他们讲大道理，要利用多种形式对小学生进行诚信教育，如辩论、演讲、知识竞赛等形式，还要注重诚信的实践性，为小学生创设实践诚信的情境。

第三，促进教师自身道德水平的提高，以身作则。在小学生诚信道德的养成中，身教的作用远远胜于言传。2014年4月28日，湖北咸宁市实验小学的校长洪耀明在升旗仪式上亲吻了一头小猪，用自己的实际行动告诉全校学生什么是言而有信，为学生上了一堂生动的诚信教育课。然而回顾当今教师的行为，不禁让人汗颜。公开课中经常会出现大量虚假"繁荣"现象，教师的承诺多化为泡影，例如答应给学生的奖励多数会成为"口头支票"，答应给学生上的副课大多又会变成自己的抢课，说好的在评价中会"公平、公开、公正"，可是结果却总是偏向于自己喜欢的学生。教师的这些行为无疑会大大地削弱诚信教育的效果。我们试想，如果教师要求学生做到的行为自己却做不到，学生又怎么会去重视呢？因此，要注重教师自身道德水平的提高，注重身教的作用。

二、环境熏陶法

公正团体法最大的特点就是重视道德氛围对集体道德水平的影响，如果在集体中创建诚实守信的道德氛围，会在潜移默化中对孩子诚实守信品德的养成起到促进作用。

这就要求学校领导在教学理念上不仅要重视发挥品德与生活、品德与社会这种有形的德育课程的作用，还要关注隐形课程在孩子诚信品德养成中的作用，营造校园诚信环境。校园环境建设可以从校园的物质环境、教室环境和班级制度环境建设这三面来进行。第一是校园的物质环境建设，包括校园的设施齐全、环境优美、艺术审美三个方面。例如在设施齐全这一点，学校应该设置心理健康工作室，定期向小学生开放，解决小学生在生活中遇到的诚信认知方面的疑惑，为小学生的诚信认知给予正确导向。在环境优美和艺术审美方面，学校可以在校园的草坪、花坛、操场、马路两边等地树立诚信小标牌或者是诚信指导语，让小学生在校园的每一处都可以感受到诚信教育的氛围。另外，建立"会说话的墙壁"，挂上关于诚信的名人名言条幅，名人的诚信小故事，名人画像等激发小学生养成良好诚信品质的愿望。另一方面，建立"诚信板报专栏"，介绍诚信的意义、不诚信行为的危害以及如何抵制不诚信行为，宣传小学生身边的诚信榜样故事，让小学生在明确诚信意义的基础上，知道如何去做一个诚信的人。第二是教室环境布置，教室环境布置也包括要建设教室墙壁文化，同时还要满足学生艺术审美方面的需要。例如可以在班级的板报、条幅中设计诚信方面的相关内容，在班级图书角中设置与诚信相关的书籍，观看诚信电影，学唱诚信歌曲，让小学生在寓教于乐中感受诚信教育。第三是班级制度环境建设，完善诚信监督体系，建立"守信奖励失信惩戒"制度，在班级中营造诚实守信的氛围。

三、实践学习法

实践学习法，简言之就是在实际生活中让孩子去学习诚信，让他们在潜移默化中去体会诚信行为，让他们知道讲诚信，守诚信带给他们的好处，进而去实践诚信行为。我们都知道，当某一事件、某一行为与自身的利益相关时，人们便会更加关注事件的发展，重视行为的结果。调查表明，不同情境下，小学生对诚信规则的遵守有不同的看法。当某一重大考试、竞赛涉及到小学生切身利益时，小学生选择作弊的比例大于平常考试中选择作弊的比例。因此，在诚信教育中，教师要意识到每个同学内心深处都有向善的需要，善于重视发展学生的内在动机，结合小学生自身的利益去激发小学生产生诚信动机，实践诚信行为，进而提高小学生诚信品德。例如开学之初，让小学生在诚信承诺书上签字，如若在本学期内出现违反诚信行为，期末取消一切评优资格。学校还可以在平时的教育教学中，组织一些诚信教育的宣讲活动，并定期为同学们播放一些诚信教育的宣传片，让同学们了解诚信的相关知识及案例，让同学切身感受到"诚信者受人爱戴，失信者遭人嫌弃"，从内心深处意识到遵守诚信的重要性，体会诚信品德为自己带来的益处，让失信行为成为人人喊打的过街老鼠，永远无法见到美丽的阳光。学校也可以在全校的范围内，组织一些诚信教育评比、诚信教育主题月等活动，创建全校争比诚信的氛围，进而培养小学生诚信意识，激发小学生的诚信动机，从

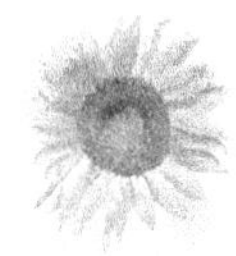

而实践诚信行为。

四、完善诚信监督机制

培养小学生的诚信品德，不仅需要了解小学生的道德概念和道德发展阶段的规律，建立适合小学生诚信道德发展的内外部环境，还需要建立系统而规范的诚信监督机制。具体做法为：

1.弘扬传统诚信文化，培养小学生正确的当代诚信观，培养小学生的诚信意识，营造浓厚的诚信氛围。诚信是我国传统的诚信美德，是当代社会主义核心价值观倡导的重要内容，也是小学生健康人格养成不可或缺的部分，因此从小培养小学生的诚信品德既是小学生健康人格完善的重要保证，还是对传统文化的传承和现代文化的适应。作为学校领导和教师要加大对小学生诚信教育的力度，通过建设校园和班级的诚信文化宣传诚信理念，如建设会说话的诚信墙壁、诚信板报、诚信标语，发放诚信宣传资料，张贴诚信图片，播放诚信歌曲，观看诚信影片等为小学生喜闻乐见的形式，多层次、多方面地宣传诚信，营造浓厚的"以诚实守信为荣，以见利忘义为耻"的校园诚信氛围。

2.建立和完善小学生的诚信档案，形成有效的诚信记录机制，以期对小学生日常的学习行为、生活行为、经济行为和人际交往行为起到警示作用，让小学生在潜移默化中养成诚信品德。首先，开学之初，学校要开展诚信教育宣讲会，宣讲会后，每名小学生要在承诺书上签字，树立起要遵守诚信的意识。然后，将小学生的日常表现记录在其个人的诚信档案内，科学地对学生的诚信状况进行等级分类，并且制定出具有可操作性的诚信量化考核标准，从而建立完善的诚信测评体系。

3.建立健全遵守诚信和违反诚信的奖惩制度。小学生处于道德的前习俗水平和习俗水平阶段，他们的道德特点表现为喜欢表扬、看重自己的利益和遵守秩序，利用小学生这一阶段的道德心理特点，建设"诚信银行"，设立诚信币，实行"守信奖励、失信惩罚"制度，将小学生个人的诚信状况与期末的评优工作等挂钩；根据诚信档案的记录，每学期期末对诚信表现最佳者给予奖励，对诚信状况不良者采取相应的处罚措施，如"失信一票否决制"，即诚信档案不合格的小学生取消期末一切评优资格。

五、创设诚信道德情境，体验诚信道德冲突

　　道德教育的目的就是促进各个道德阶段的发展，而道德阶段的发展源于道德冲突，因此必须在儿童中引起真正的道德冲突和意见不一。这就要求要为小学生创设有争议性的诚信道德情境，让小学生体验诚信道德冲突并给予小学生表现公正的机会，还要转变成人、教师与学生之间的角色，从而提升小学生的道德认识，改变传统德育中教师和成人的回答才是绝对正确的错误观念。具体做法为：首先教师要认真观察和总结，把小学生在家庭和学校中出现的同学之间、师生之间、父母与子女之间诚信矛盾的冲突关系加以整理，再分别编制成一个个诚信小故事，编写诚信小故事的目的一是容易被小学生理解，二是能够激发小学生的兴趣。然后，将思想认识水平不同的小学生编在一组，在班会上对诚信小故事进行讨论。在讨论这一环节要充分发挥教师的引导作用，根据他们的心理特点以及所处的道德发展阶段启发他们积极思考，主动交流讨论，并提醒小学生在讨论过程中要善于考虑他人的观点，协调分歧，总之教师要扮演苏格拉底的角色，通过自己的引导，促进小学生诚信道德判断能力的提高。例如学校里经常会发生这样的事情，当学校值周生在校门口检查佩戴红领巾、校徽和小黄帽的情况时，总会有个别同学不是忘记戴校徽，就是忘记戴红领巾、小黄帽。当值周生问他是哪个年级哪个班级时，为了不给自己的班级扣分，维护班级荣誉，有些小学生就会谎称自己是其他班级的同学。或者等自己同伴进去后，他让同伴将自己的校徽从墙上扔出去，蒙骗值周生。教师可以利用这件经常发生在小学生身边的案例拿到班上进行讨论，分析为了维护班级荣誉而说谎这种行为到底是否正确？经过讨论，让小学生明确诚实的意义，培养他们做老实事、说老实话、做一个诚实的人。

让爱浇灌每一颗心

梁静

初为人师的我，对教育有着颇深的感触。这些都源于我们班40个宝贝及家长们，在我们一起成长的过程中酸甜苦辣咸五味俱全，但带给我更多的是幸福。每个孩子都是我的宝，我会用爱去浇灌，我会用爱去呵护，我会用爱去开启每个孩子的心灵！

用心赞美，触动心灵

作为教师都有这样一种感觉，各班总有几个学生既不勤奋上进，又不惹事生非，对班级一切活动既不反对抗议，又不踊跃参加；既得不到老师的表扬，也得不到老师的批评。是一些容易被老师忽视"遗忘"的学生。我班的小研就是这样一个似乎没有什么特色的学生。一件微不足道的小事改变了我对他的看法，好象也改变了他自己。那是一次课间闲聊，我发现他其实懂得挺多的，说话时用的词特别丰富，可是他上课却从来不积极回答问题，原来是他没有自信，怕说错了。我又和他聊了很多，鼓励他上课积极回答问题，把自己会的词语、句子用到日记中去，

此后，我又在语文课上多给他机会发言，并及时给予表扬。渐渐地我发现他变了，上课特别认真，作业完成得很好，学习成绩也有了很大的提高。

这件事给我启示颇深，在班主任工作中，我开始更注重面向全体，细心观察，捕捉他们身上的每一个闪光点，及时把赞美送给每一个学生，使之发扬光大。使每个学生都感到"我能行"，"我会成功"。

善意的谎言

还记得那个寒冷的早上，值班老师来找我，说我班有个小男孩不进校门，爷爷已经走了。我安顿好班里赶紧下去，我已经猜到是谁了。我走到校门口，笑了，就让他先和我进来，等我打电话让家人来接他。他乖乖的和我

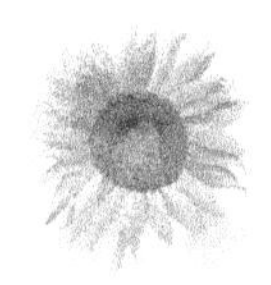

进了办公室。我给他拿了一把其他老师的椅子，把他抱上椅子坐好。我和他聊了会天，他的心理已经放松了下来，于是我和他说："宝贝，你能不能先和我一起去班里看看，老师这么长时间没在，他们肯定特别乱？"他点点头和我一起进了班。他刚一进班，我就说："你们怎么这么乱啊，不珍惜时间好好学习！你们看看魏沐禾，今天早上都不舒服了，爸爸妈妈让他在家休息，他都不肯，坚持着来上学！"话音刚落，班里响起雷鸣般的掌声，魏沐禾大步前行几步就走到了自己的位置，赶快做好了。从此以后，他再也没有说过厌学。

这件事告诉我：一味的批评并不能让孩子们改正错误，有时适宜的帮他们建立良好的形象，更能激励他们改正错误，大步前进！

播撒"不经意"的爱

那天早读还没结束，小鱼儿刚走到讲台前就吐了一地，我来不及收赶快让他去卫生间洗洗。然后我自己收拾教室里那一地的污垢，说实话，真的很难闻，我直犯恶心。小鱼儿洗完回到教室，看到我还在认真的打扫，就呆呆的站在那。我招呼他回座位去，问他好点没，他只是点点头，说在卫生间又吐了。很快我打扫完了，我在课上又问了他好几次有没有不舒服，他都笑着说没有。

课间操我没有让他去，领着他来到我的办公室，陪他聊天，他告诉我早上就不舒服，怕去医院就没告诉妈妈。我笑着告诉他以后得及时告诉妈妈，否则会耽误治病的，他答应了。我又给他找了两块蛋糕，沏了一杯姜糖水。他开心地吃起来，又休息了一会就去上下节课了。

其实这件事情对于我来说并没有特别之处，可是第二天早上（星期六）我就收到了小鱼儿妈妈的短信：亲爱的谢谢你昨天的照顾，小鱼儿同学很想感谢你，遇到这么个好老师。接着又接到小鱼儿的语音信息：梁老师，谢谢您的照顾，我已经好了，也不吐了。

不经意间对孩子播撒的微不足道的爱和关心，在孩子的心中却生根发芽。基于对我的喜爱，这个可爱的小男孩上课认真、作业仔细，成绩在不断提高。

越来越感受到老师的关爱比说教更有效，我们的爱总会留在孩子们的心中，激励他们不断成长。

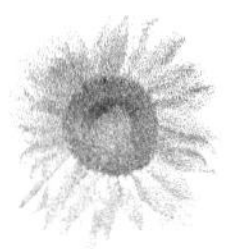

赞许的力量

胡雪梅

　　秦某是我们班乃至学校里出了名的淘气王。他活泼好动，站不住，并且调皮捣蛋，做事没耐性。就是这样一位大家心目中的"破坏王"，渐渐地，随着时间与年龄的累积，伴随着老师们一次次的赞许，同学们一次次的肯定，他也在慢慢地改变着……

　　刚开始的小学生活中，秦某还不可以独立去厕所、独立去打水喝，因为在半途中总会遇到这样或那样的"事故"。每天"闯祸"不断，上课不注意听讲、不在状态、做小动作、玩儿自己的学习用具等等。每当课上看到他的学习状态，老师总会生气地吓吓他：去，背着你书包走吧！不喜欢上学别上了！他便会乖乖的收拾好书包背着就走。气得老师是没辙没辙的。无数次的反思他都表示：我不应该不好好听讲，不应该玩铅笔，不应该走神……他对于自己的问题了如指掌，却从来都不能控制好自己的行为。每当与他进行交谈，他的手不是卷衣服边儿就是对在一起瞎动。告诉他手贴裤线加紧，没有一分钟他就坚持不住了，总会找点事儿干。家长反映在家也是如此。对于老师的反话要求，他总能很快听清楚并付诸执行。所以对于这样的孩子，我们应该采取的是正面的引导，而不应该用反话来要求他。

打扫卫生

　　这个学期，在每天的午餐过后，他都能够按照老师的要求去做了。不再吃完饭就出去乱跑、不打扫卫生，而是乖乖的记作业之后用擦布收拾自己周围的卫生。有一次，班级里的水脏了，我让同学们去换水了。这时候如果要洗擦布只能去卫生间洗了，正巧赶上秦某要洗擦布，我告诉他去卫生间洗。他走出去了，没过一分钟他手托着擦布又走回了教室。我问他怎么没去洗擦布？他说走到楼道里看到刚才打饭时候有小朋友掉的米饭粒，于是指了指手中抓紧的擦布。我明白了他是自己将脏东西抓起来了，准备扔进我们班的垃圾桶。我瞬间愣住了，没有想到竟然他会这么做。我连忙夸奖道："恩！秦X你真是长大了，看见脏东西就应该捡起来了，否则粘到大家的脚上会把地板

都踩脏的，对不对？"他边认真的点点头边走向垃圾桶抖擦布。我内心中一阵欣喜，感觉像看到了希望一样开心！

　　班会课，我立刻在班级内向大家表扬了秦同学，大家都向他投以赞许的目光，纷纷表示最近他的进步很大啊！我看得出秦某低头害羞背后的小兴奋，他还是很希望得到老师与同学们的认可的！从那以后，班级中多了像秦同学一样的卫生小管理员，楼道和班级里少了垃圾纸片，多了一分清洁与和谐！

运动会

　　转眼间马上要举行学校一年一度的春季运动会了，我问大家有没有想报名参加体育项目的，大家顿时七嘴八舌一阵混乱。秦某主动要求参与投沙包比赛，一心想要为我们班级争光。但是想报名的同学很多，我必须公平对待，找节活动课，我带领大家一起出去活动选拔运动员。经过几轮比赛，秦某真的在备选范围之内，其实孩子们的水平还是可以再提高的，体育老师再次指导并教给方法。我告诉孩子们回家去练习，几天后再一决高下，确定最终的运动员。我找到秦同学问他想不想为班级争得荣誉，他使劲儿地点了点头，并且肯定地回答我"特别想！"，我一下子听出了他的诚意，感受到了他渴望被认可的期许。望着他真诚的小脸，我心想：这绝对是一个让他在大家面前"翻身"的好机会啊！于是，我跟他说了运动会对于我们班集体的重要性，告诉他一定回家好好练习，他用力地点着头。为了给秦某一次在大家面前展示的机会，我便私自定下了他这个运动员。但我又担心他真的不练习，几天后我实在忍不住了，便私下与爸爸沟通让孩子回家勤加练习。没想到秦爸爸说他每天回家都积极练习，比学习可上心多了。体育课上，我专门抽出时间去看了孩子们的练习成果。我走进运动场，只见秦同学一人早已在场地上练习起了他的项目，而不是像每次似的满操场乱跑。只见他抬起右手，用力的将手中的沙包一掷。扔出沙包的那一刻，他抬起袖子在额头上擦了擦，之后一溜烟似的跑去捡沙包。望着他略显笨重的背影，我感受到了孩子的那份坚毅与热忱。希望他在今后的学习生活中都能如此认真。这一刻，我坚信我的决定没有错。我走上前轻轻地抚摸着他的头，赞许道："你太棒了！第一非你莫属了啊！"在运动会上，他果然不负众望，最终为班级争得了荣誉。大家都对他刮目相看。

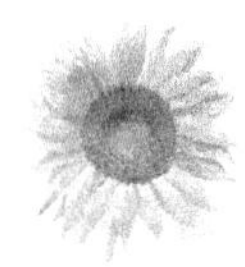

　　时间就这样不经意的从指缝间流走。一天一天，秦某有淘气也有进步。总体来说还是进步很大的。渐渐地，他敢于在课堂上展示自己、给大家讲故事、带来好吃的与大家分享……看着他慢慢地开始与大家打成一片，我由衷的感到欣慰。希望他再接再厉，取得更大的进步！

取人之长，补己之短
——培养好习惯，从点滴开始

梁静

　　"吃饭"对我们来讲是一件再正常不过的事了，对于"吃饭"我们更多关注的是"饭菜怎么样"，而对于吃饭时的礼仪培养却从未过多的思考。从周一的班会课到现在，我一直陷入深深地沉思……

　　低年级小朋友帮厨、牛奶喝完瓶子倒着放、有序排队、垃圾分类、饭菜吃光光、饭后刷牙……看到其他国家小朋友的这些细节，我在想：我们的孩子做到了哪些？作为教师的我们又为孩子的养成教育做了些什么？我们应该如何去做？

　　古人曰："勿以善小而不为，勿以恶小而为之。"培养学生良好的行为习惯必须要求学生从点滴小事做起。

　　班会课上，我们先观看；再比对，找出我们自己身上的不足；说说以后应该怎么做。通过这一系列活动，我和孩子们共同讨论，制定出了针对我们班孩子的一套实行方案。

　　每天评选出5名"午餐之星"，每周评选2名"午餐之星"。

　　评选条件：1.先洗手，把饭盒盖和勺筷放桌上，再打饭。

　　2.排队时双手拿好饭盒，立正站好，保持安静。

　　3.少盛多次，不剩饭。

　　4.慢嚼细咽，饭菜全进口，不掉在桌子和地上。

　　5.吃完饭迅速收拾餐具，放进小柜子，不能遗留在教室。

　　6.收拾完以后主动漱口。

　　附加项：帮老师收餐具、帮同学擦桌子。

　　（还要依据速度）

　　其实这些针对午餐的要求就是对孩子具体行为的引导，我们的孩子不是做不到，而是不知道做什么。

　　低年级学生年龄小，如同炼好的铁水，可以铸成各式各样的形状。但等铁水凉了变成了大铁锁，再想改变形状就难多了。如果小学生养成了不良习惯再来改造将付出太多的代价。

　　孩子的各种习惯养成和家庭环境有关，我们怎么做也不会改变所有的孩子，但是我们要相信"一带十，十传百"的力量，一定要充分发挥班干部和积极分子的力量，在他们和我们的一起带动下，慢慢的会有更多或者全部的孩子发生改变。

　　不仅仅是用餐礼仪，在学习、生活中的各个细节方面，都值得我们关注，值得我们思考。

　　比如说，课堂上的学具摆放。记得上学期我们班的孩子学具摆放没有规律，我也一直没特别在意，想着只要孩子们上课不乱动就行了。后来发现，那样并不行，有一部分孩子并不能自觉做到不乱动。由于摆放没有规律，感觉放得很乱，我关注不到，不好管理。后来，我慢慢引导孩子们将学具统一放在桌子的内侧，用的时候取到面前，不用的时候放回原位。因为摆放整齐，谁的学具不到位我一眼就可以看到，及时提醒他听讲。长期以往，效果不错。

　　这些看似平平常常的小事，其实"千里之行，始于足下"，"百尺高台起于垒土"。作为教师，我们一定要拥有一双会发现的眼睛，时刻关注孩子们的小细节。从我们的教育开始，尽我们所能为孩子多做一些事情，让这些可爱的花朵真正成为祖国的栋梁！

静诗花开

王萌

（一）案例分析

小A，男，二年级的学生，头脑较聪明，语言表达能力一般。但自制力较差，上 课注意力不集中，无法专心听讲，经常在座位上扭来扭去，小动作多，玩玩手指头，动动铅笔、或不时的跟同学交头接耳一下，即使是有很多老师在听课时，也没办法控制自己。做事时难以集中精力，学习、做事不注意细节、粗心大意，做作业的持续时间很短，做了一小会儿，就显得不耐烦了，注意力很容易发生转移，外界环境的一点小小的变化就能引起其注意，结果往往要把作业拖到很久才写完。学习、做事质量低，效率不高。考试经常不能在规定时间内完成。

（二）原因分析

1.是与孩子的年龄特征有关，一般而言，小孩子由于身心发展尚未成熟，自控能力较差，很容易受环境干扰而分心。比如，一些平常的事都会引起孩子的好奇心而转移注意力，外面有人走过或某某同学刚买了一支新铅笔等等。

2.年龄越小，注意的时间越短。由于他年龄比就学年龄小，又没有上过幼儿园，一开始就没跟上。

3.性格特征：小A，是个爱哭的孩子，遇事没有耐心，非常拧。在家里只要一哭就能解决任何问题，这也使他尝到了甜头。

（三）教育和心理辅导过程

魏书生老师说"教师尊重学生的人格，就等于尊重了教育。"教师应该关心、爱护学生，缩短师生心灵上的距离。这首先就需要与学生平等相待。学生不愿意和老师说心里话，就是因为师生不是处在平等的位置上。

1.发现孩子身上的闪光点，激发积极性。

我发现小A虽然经常犯错误，但他依然有向上的愿望，他身上还有很多"闪光点"，比如，朗读课文时，声音洪亮，很有感情，着实可爱。……所以发掘他的可塑性，对他进行再教育。在课上，只要是小A举手回答问题，我就让他回答，不管回答的对还是错，都给予鼓励表扬他上课认真听讲，渐渐地他课上举手发言的次数越来越多，认真听讲的时间也从之前的十几分钟慢慢地半节课可以跟着我一起学习，虽然有时候他还是会上课走神，要不就抠

手指玩儿红领巾，但是现在只要我提醒他，他就会立马做好而不像以前那样，腻腻歪歪的不情愿不服气。我想他之所以发生这样的变化还有另一个原因。

由于他课间总是爱追跑打闹，其他同学总是向我来告状说又被小A打了。之后就是我找他批评他每每课间看着他一个人就可以了，但是这样是不能解决问题的怎么办呢。我觉得使一个学生愿意听老师的话，就要让他从心里喜欢这个老师，知道老师是为了他的成长好。因此，课间我总是叫他到我身边，问他有没有去厕所呢，有没有喝水呢，刚开始的时候，他会忘记这些。我一说，他似乎恍然大悟一样，赶紧做事，慢慢地他就感受到老师是关心他的，此外，我也会和他聊聊天，问问他周末都玩儿什么了，最近在看什么书？渐渐地他由之前不愿意多说到现在一下课就嘚嘚跑过来和我聊天。而且小A非常有礼貌，不管在校园里见到谁都会主动问好，我经常当着其他同学的面表扬他这一优点，让同学们向他学习。渐渐地他和我的关系也近了许多，之前感觉都是一米开外的安全距离，现在主动的趴到讲桌前和我说话。孩子从心里接受了我，知道老师是爱他的喜欢他的，上课表现自然就好了。

2.家校合力，帮助孩子成长

有一次课间和他聊天，说到了如果表现好了最想得到什么呢？他回答说想要爸爸妈妈给我买一只小猫。我答应他只要你这周表现好不再有同学课间说被你打了，上课坚持和老师互动，做到这两点就让爸爸给你买小猫，我问他能做到么？孩子坚定的点点头，使劲恩了一声。

小A的妈妈是个全职妈妈，专门在家照顾他，在学习上也很认真负责，每次放学都会留下来和我聊几句，之前总是其他孩子拉着说今天她又打我了，今天小A又哭了……现在慢慢地和妈妈聊得都是孩子在学校的点滴进步，今天读课文哪段读得正确了，今天课堂作业写完了，今天自己主动去打饭了等等，有一次，孩子和我聊天说不想妈妈怀孕生弟弟妹妹，我疑惑地问他为什么呢？孩子的回答很天真，他说："我怕妈妈疼，因为妈妈生我的时候就很疼，我不想看到妈妈疼，所以我不想妈妈生宝宝了"我听了抱住他，对他说："你真懂事"，放学了我把这件事告诉了妈妈，妈妈会心地笑了，其实遇到这样的宝贝，爸爸妈妈也很不容易，时不时的和他们分享孩子在学校里的点滴进步，让他们看到希望，有动力继续辅导孩了。

这次我把我和孩子的承诺和想法说给了妈妈，妈妈也和我说孩子一直想养一直猫咪呢，我说那就借这个机会，让孩子自己也当回家长学着照顾小动物，同时还兑现了我和他之间的承诺。

之后的这一个星期，只要他稍稍想要动手打人，或者发脾气或者上课搞小动作的时候，我就提醒他要记得我们的承诺哦。他就会立马做好。

3.通过班集体关注他，接纳他。

集体的力量是无穷的，我在培养他的交往能力的时候，还注意发挥集体和伙伴的作用，通过同学们的宽容和爱护，通过同桌的提醒和帮助，他在集体中找回自我，学会交往。全班同学共同给他过生日，大家给他唱生日歌，回答问题后，同学们给他的掌声……

4.正确看待"反复"。

信任促人奋进，使人努力。对他来说，只有信任他，才能得到他的信任。信任他，同时也是尊重他的表现，也只有这样，才能消除他自暴自弃的心理。作为老师要明白，他的错误不可能在一次两次之间完全改变。对于这样的同学必须时时关注，正视孩子的反复行为，帮助他一点一点进步。

5.运用多种评价，促进发展

维果茨基说过："我们不盯着儿童发展的昨天，而应该盯着儿童发展的明天"。他在发展的过程中，作为教师如果不是实事求是地用发展的眼光评价他，他的个性发展必然受到限制。因此，要调动他的积极性、主动性，作为老师就必须注意课堂上的评价，用发展的眼光看待他。当发现他今天能主动参与课堂，于是就及时在同学面前表扬他；当他能主动帮助同学的时候，同学给予一声感激的"谢谢"；当他做错事的时候，告诉他要先冷静下来，深呼吸，帮助他找出不对的地方，并想出假如再出现类似情况会怎么去做。当他在家中有出色的表现的时候，由家长反馈到学校，并给予鼓励……

（四）教育效果

经过一段时间的师生共同努力，这个男孩的进步是有目共睹的，平时在和同学的交往中，能主动退让，家长也反映他在家能做一些简单的家务事，不会想要什么就要什么了。他从一个令人讨厌的孩子，转变成为班级中受人欢迎的一员。他能按时完成作业，和同学友好相处，积极为集体做事，我相信以这样一种乐观向上的精神，他一定会取得更大的进步。

这是我在班级日志中记录的和小A发生的小故事：

2015年12月3日

融化冰雪的小手

风终于来了，吹散了连日的阴霾，吹来了清新的空气，吹出了暖心的太

阳，我的小豆包们也终于可以跑出教室，去操场上锻炼身体呼吸新鲜空气，学校里也继续了每天的阳光体育运动。

小豆包们排着整齐的队列，快乐地跑着，就像一个个跳动的音符，而塑胶跑道则像是五线谱，孩子们跳着，跑着，跳出了一曲美丽的乐曲…

这时我发现了在操场阳光照不到的拐角处还有一些冰，没有被太阳融化，这是前几天北京大雪留下的产物，我怕孩子们滑倒，就沿着冰的边上跑步，同时提醒这些小音符不要滑到，孩子们安全地笑着，跑着。

接着我们又跑到了冰的位置，这时，我感到后面有人用小手扶着我，原来是小A，他把手放在我的腰上，甜甜地对我说，老师，你要慢点哦，别摔着。我会心地笑了。而且每次跑到拐角处他都会扶着我，跑过冰面之后就把小手收回去。

小A温暖的小手，温暖了我的内心，似乎也融化的路边的冰雪，这个冬天，有他们在，我想我一定不会觉得寒冷，每个孩子都有自身的闪光点，只要用心去爱他们，孩子们也会用爱来回报给我们。

对于带着幸福感投身教育事业的我来说，教育不是牺牲，而是享受。作为一名班主任，自身才是感受职业幸福的主体，而我正在体会着！

用耐心长久灌溉感化学生

胡雪梅

我的班级中有个出了名的"淘气包"。上课捣乱、下课欺负同学，无所不为。昨天放学后，两位家长又找到了我说班级里的秦某经常打人，之前孩子回家也会说，但最近说的比较频繁。对于这样的控诉我已经司空见惯了。

早晨我利用晨检时间跟秦某聊了聊，了解清楚他打人的情况后，严厉批评了他，教育他打人不对。道理他都懂，也意识到打人不对，并且亲自给我写了保证书，这简短的保证书充分证明了他每天上课的注意力不集中，本来拼音基础不错的他竟然用两个韵母相拼给汉字注音。下了第二节课就有个女孩子找到我说秦某要"整"她，我找到他问个究竟。他说是吓唬同学的，我又让他在保证书上加了一条不能吓唬同学。上午最后一节体育课，孩子们下课后成群结队的跑到我的跟前，一人一嘴的告秦某的状不是打别人了，就是淘气不好好上课了，要不就是不听体育老师的话了……我顿时头大了，找到秦某想问问他早晨的时候怎么跟我保证的？只见他满头大汗，外衣也没带回来，我先让他去找衣服了，这足以见识到他玩得有多忘我！回来跟我的解释是不想打人的，就是没控制住自己的手！保证书也写了，道理也明白，就是管不住自己，你该让我怎么办？实在是令人头大啊！课上，我刚刚强调完纪律，秦某竟然毫无改变，玩铅笔、玩笔袋，根本听不进去我的话。他一次一次的挑战我的"底线"，但是孩子还小，这些对于他来说都是无意识的行为。我只能耐心地去教育他，与他交谈，与他约定如何做得更好。哪怕一点点的小进步，我都在班级面前鼓励他，夸奖他，让大家一起为他的进步鼓掌加油，他的行为就会稍有改进。

一次班会课上，我们要进行讲故事比赛。"谁愿意给大家讲一讲你知道的成语故事？"我的话音刚落，秦同学立刻把手举得老高，渴望地看着我。我毫不犹豫的把他叫到了班级前为大家展示他的小故事。只见他站得笔直，一本正经地为大家一字一句地讲述着他的故事，结尾处还出乎我的意料，将成语的引申义也解释得完美无瑕。同学们听得如醉如痴，我趁热打铁加以评价，下面立刻响起了赞许的掌声。他害羞地低下了头。课下我找到他，小心翼翼地跟他聊起天来："你今天讲得故事特别棒，是你自己看书看到的

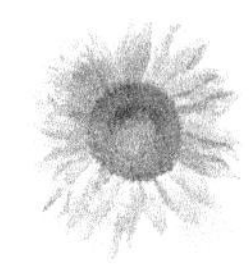

吗？"他用力点着头"是的，我还知道好几个成语呢！"我轻轻捏了捏他圆嘟嘟的小脸儿，"你看你多棒啊！我觉得你今天的故事是讲得最好的。"我给了他一个称赞的大拇指。我可以感受到他内心的高兴，感受到他被肯定后的变化。除了及时地对他给予肯定，在他无助的时候提供给他帮助与关爱同样感化着他的心灵。一天午饭时间，大家都去洗手，排队打饭了，只有秦同学坐在座位上一动不动。我走上前问个究竟。原来是饭盒没洗，不敢跟老师说。"那我教教你怎么洗吧！"说着我拿起他的饭盒，跟他一起走到卫生间。我撸起袖子，打开饭盒盖，对着水龙头用手沿着饭盒边缘擦洗，一边对他说"我这也没有洗涤灵，只能简单洗洗了。这样把饭盒的四周和底部都洗干净，再把勺子洗干净。"他愣在原地看得目瞪口呆，大概是没想到老师会帮助他刷洗饭盒吧！"我知道了，我回家一定再好好学学！"我感觉到他已经开始慢慢地被感化了。

一有时间，他不再是在教室、楼道里追跑打闹，更多的，他喜欢追在我的身后给我讲述家里的事情、讲述爸爸妈妈和妹妹的事情。"其实我不是想惹老师生气，只是我有时候控制不住自己。"这是他一次跟我聊天时候的肺腑之言，我望着他真诚的小脸儿，语重心长的告诉他："好孩子，你真是长大了。如果再有控制不了自己的行为的时候，你先冷静一下，想想这么做对不对？老师会不会生气？"他似乎明白了，用力地点着头。我渐渐地体会到了他的成长，看着他一点一点的进步，我发自内心的为他感到高兴。

静待成长

张凌云

案例描述：

2014年8月30日，我满怀期待的与他们第一次见面，看着照片上的脸蛋，想象着与他们碰出来的火花。

在接下来的一周里，我重点观察着这些孩子们。在接手之前我就听说过关于这个班的各种传闻，关于某个孩子的各种传闻。特别想认识认识别人眼中的"混世小魔王"、"调皮捣蛋鬼"、"年级风云人物"。但观察了一周之后，我并没有看到这些"混世小魔王"，"调皮捣蛋鬼"。看到的是一群天真烂漫的孩子，活在自己的世界，快乐无边的孩子。

但他们控制不住自己，集会时总会喋喋不休的说着，排队永远走不齐，课间总是在追跑打闹，让我很是头疼。所以只要课间时间，我立刻回班，生怕这群孩子出个什么事，只要我没事的时候，总会与他们在一起，真的做到了实时监管着。这样下去行吗？我总是在孩子遇到问题的时候出面解决，他们给我的问题越多，我就有点接不过来了，今天处理打架事件，明天就是处理丢东西事件，总有种莫名的力量压制着我。

进行单独教育

每个孩子都是善良的，他们容易犯错，就是没有得到好的引导，好的督促。刚刚开始，各项管理工作都比较严格。我们班有个叫小龙的孩子，他总是打人，不写作业，让老师头疼让同学害怕。后来了解了孩子的具体情况。他是单亲家庭，孩子跟着爸爸，爸爸很忙，各种事都需要孩子自己来解决。加上爸爸的"以打为教育"的原则，以致孩子从一年级开始就是班里的一霸。后来我观察，这个孩子实际就是缺乏爱，缺乏关心。我就对他一视同仁，多以表扬为主，孩子打人情况减少了很多。但现在孩子与我比较熟了，打人现象又开始出现了。有一次打人被我发现，当我从楼下上来时，看见他正在用手一下一下的拍打着一个内向的孩子，我快速地走过去制止他。当他看见我走过来，开始给自己找各种借口，对我说那个孩子上课笑话他。我说人家笑了你就要打他啊，他说爸爸说了，谁欺负我我就要打回去。放学了跟孩子爸爸聊了聊，孩子爸爸只说了：打人我回去治了，张老师您费心了。不

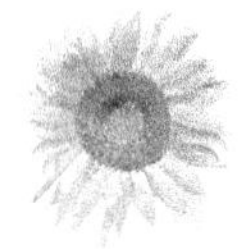

容我多说就带孩子走了。第二天孩子第一个来到学校，认认真真的读书，我和他简单聊了聊，他说回家爸爸打屁股了，不打架了。我知道他的教育以打为主，让我不知怎么该和他交流，感觉一说孩子的问题，孩子就要挨打。

终于，我忍不住了，不能反应问题，反映问题孩子就遭殃。必须要聊聊了。为此我找到孩子爸爸，和孩子爸爸聊了很多，知道了孩子爸爸确实很不容易，但他的这种教育方法也是不对的。每个孩子都需要爱与鼓励，打是打不出来的。孩子爸爸也非常认同我的做法，我们两个开始打配合，孩子真的进步不少！也按我说的去做了，孩子确实有了不一样的变化。

有一次小龙身体不舒服，我从上午开始给孩子爸爸打电话，打了好多次都是关机。家里又没有其他人，所以孩子一直坚持着，中午过后，我发现孩子跟以往不同，就问问他哪里不舒服，孩子说头疼，我一摸，确实有点热，赶紧让一个孩子带着他去量体温，38度，发烧了，但实在联系不上家长，我就用各种方法给孩子降温。从上午到下午，一直在联系家长，但到了放学时也没接通。过了放学时间，孩子爸爸打来电话，我让家长进来把孩子带走，并和家长聊了聊。家长给我的原因是不方便开机。

对于这种情况，我又一次和孩子爸爸聊天，跟他了解情况，我又一次站在孩子的角度，老师的角度去和孩子交涉。孩子爸爸和我说了很多家里的情况。我也替孩子担忧。面对这样的家庭环境，我能做的就是多点爱给孩子。我还让孩子负责了班里的绿萝养护工作，让他把自己负责的绿萝当成朋友一样对待，让他学会去关心自己的小绿植，关心别人。逐渐的，他变得爱帮助别人，爱写作业，爱与同学交流，学会了与同学友善相处。

案例反思

在教育中一定要给学生树立自信，教师的关爱是学生的动力，多多关爱学生，让学生在学习上积极主动自然而然的产生一股学习热情和求知欲望。要多多鼓励学生，树立学生自信心。作为教师认可学生是促进自信，每位学生都需要不断的鼓励，就向植物需要阳光雨露一样，多多鼓励学生，让学生吸收养分，像我们的班植一样，有一种坚韧，善良的品质。着重看待学生的优点，用宽容的心包容学生的不足，让学生在学习中发现自己的进步发现自己的闪光点，发现自己的优势，教师及时作山表扬鼓励的小小动作，这样学生任何方面只要在原有的基础上有进步哪怕一点点，都可以得到表扬的机会。

师生交往是一门艺术

栾英梅

孩子的心灵是纯净的。成为学生的朋友是打开学生心灵之窗的关键。与孩子沟通、交往需要相互之间的信任，平等信任是成为朋友关系的基础，加强与学生之间的沟通是维系朋友关系的桥梁，双方的宽容与大度则是教师与学生拉近距离的基石。

我的班级中有位江同学，在楼道中见到老师会主动打招呼，但是进入教室后与老师几乎不交流，我喊他的名字，他会提高警惕，担心自己是不是犯错了。这是他对老师的言语的一种条件反射。日常学习中，他与其他孩子的交流也比较少，容易受到欺负，也容易与其他同学产生肢体冲突，经常哭啼着找我"告状"。通过与家长的沟通了解，知道孩子不到两岁就送到幼儿园，孩子太小不会与其他的孩子交朋友，总是躲在一边看，后来在幼儿园期间受过老师的言语刺激，对学校和老师有种畏惧，对老师是又爱又怕。于是我会在课间有意地找机会跟他主动聊天说话。

有一次，教室里沸沸扬扬闹得不可开交。这时我走进教室，环顾四周，看到了江同学又在那掉眼泪，我灵机一动，说："江同学，你看老师拿了这么多作业本，你能帮老师发给同学们吗？"他很快接过作业本发了下去。老师又对全班同学说："刚才江同学虽然和别人闹了点小矛盾，可是他为了不影响上课，愉快地帮老师做事，这很好！我相信他下课后会主动处理这件事情的。"他听到了老师的表扬，转悲为喜。结果，这位同学不仅上课认真，下课后主动找另外的那个同学和好。他也会主动找我聊天，告诉我放学后的一些有趣的事情。这样的处理方式，给了他自信和理解，同时他也更喜欢和相信老师了。经过长时间的真心诚意、平等地与他交流，江同学慢慢地开始敞开心扉，愿意与同学交往，变成了一个爱说爱笑的孩子，与我也成为了无话不说的朋友。

师生交往还是一门艺术。在教师与学生的交往过程中，除了遵循理解、尊重、宽容、平等等原则之外，还要学会一些师生交往的技巧。讲究一些方法和技巧，对于促进学生学习态度的转变、学习成绩的提高是大有益处的。比如，作为一个老师，要知道学生的心里想什么，要培养一点幽默感，最好

能记住学生的各种自然情况（如年龄、生日、家庭状况）等。而期望或期待在某种意义上就是一种师生交往的技巧， 比如将一个任务交给一个能力较弱的学生，相信他能完成这个任务，这实际上就包含了一种期待和信任。教师主动和学生接触，同样蕴含一种期待，学生便会在这种期待中，努力超越自己，把教师的期待内化，最终达到与教师期待的。

上学是一件快乐的事

沈泽一

　　淑其，一个热情大方的姑娘，是六一班的班长。每天她来到班级组织学生收作业，早读。看到班级出现问题及时给老师提出问题。她是一个乐于助人的学生，谁有不会的题或是有事儿请她帮忙，她都会热情讲解和答应。"我想成为老师的小帮手。"

　　韶博，一个活泼开朗的男孩，是六年一班的体育委员。每天他都会早早来到学校进行体育锻炼，在体育比赛中屡获佳绩。课上他都会有自己的见解，并且能够创新，作文方面有很大的进步。"要做就做最好，要么不做。"

　　静茹，文静知性，博学多才，书迷。交到了很多朋友。她对同学很友善，严格要求自己。"我喜欢阅读，我能从中看到不同的世界。"

　　雪琪，转来一年，同学们开始排挤她，后来接收她。一个懂得分享的女孩。她把积累的材料精心整理好，拿到学校给同学们，遇到朋友有烦心事儿时，总会及时安慰朋友。"这是我乐意做的事，大家开心，我很开心。"

　　这四位同学，都来自六年级一班。虽然学习成绩有好有坏，但是共同的是，他们都爱这个班级，爱这个学校，爱这里的老师，同时他们觉得上学是一件快乐的事。

　　静下来，我一直在思考，面对小升初关键的时刻，除了加强孩子学业上的任务外，还需要什么，难道是题海战术吗？不，我认为是让孩子对知识感兴趣，学会掌握知识的方法。例如：学习生字，利用工具书和联系上下文的方法理解生字，还可以用猜字义的方法理解。学生对于汉子的起源有很大的兴趣，当遇到一些不能理解的字，学生都会查汉字溯源，求得心里的满足。当然在学习新字的同时还要把旧知拾起来，可以找到相应的形近字，多音字、近义词和反义词。句型练习，关联词语、句型装换、造句、修改病句等在每课教学中及时训练。高年级训练学生总结文章主要内容及分清文章脉络，在教学中引导学生，学会不同方式的分层分段方法，学生有很大的进步。对于中心思想的联系，学生可以通过不同方面提炼，但还需继续训练。作文有目的性的训练，例如：《令我感动的一件事》采取了诉说，评写，修

改，成型。下一篇《一个让我难忘的人》正在写。家庭作业不算多，学生们可以重点的巩固基础知识。

积极民主和谐班级氛围，班级卫生人人有责，能够积极主动的承担任务。对于班级评选实行班级投票制，公平公正，民主选出最佳人选。班级中的小干部起到带头作用，创造和谐的氛围，例如：婧宁同学手受伤了，班级轮流给她打饭，并且把她的值日任务分工到各人。班级中有一部分学困生，采用一带一的方式，让后进生积极主动的朝好同学方向发展，学生也会快乐幸福很多。

联系家长，班级中有很多家长忙于工作，很少关注学生的学习情况。家长会后，我主动加了家长飞信，沟通起来方便了很多。学生进步，家长和孩子都很快乐，我也幸福。

促进个人发展，在可是不耽误的同时，我承担了督导课和班会的任务，在此期间老师们都会主动帮助我，并且能够把自己的经验分享给我，我感到很幸运，学到了很多知识的同时也学会了为人处事。个人成长的同时也让学生的课堂高效起来，不会占用学生的课下时间，让孩子们有时间休息。时间充分利用起来，学生也不会觉得我"霸道"了。

希望我的进步能够让孩子拥有高效的课堂，幸福快乐，拥有金色的童年。

让我们试着忘记过去

李薇

一、基本情况

从三年前接手这个班，我就发现那个个子不高、衣服脏兮兮、头发乱蓬蓬的男孩子，不爱说话，说话时就摇头晃脑，吐字不清。三年了，他的外表在我的多方努力下都没好转，头疼的是又多了一件坏事：经常性的上学迟到，与家长沟通后也无效。

二、个案分析

1.家庭原因。

胡雪文生活在单亲家庭里，与爸爸一同生活，是低保户。爸爸对孩子的生活起居不照顾、学习不关心，每次与他交流都说不上几句话就进行不下去，说话支支吾吾，总是强调他的儿子一二年级时很聪明。爸爸也是一身邋遢，看看他们俩我心里永远都有一个词有其子必有其父。

2.教师原因。从观察中，我发现胡雪文总是没精打采，两眼低垂，真不像一个与同龄孩子一样朝气蓬勃的孩子。他越是这样，我越没心情理会他。在交谈中，我了解到，他除了游戏再没感兴趣的东西。而我总是从反面教育他，从没说个鼓励的话，班级里的舆论也不很好。

3.同伴原因。因为他的脏兮兮的衣着，满身的汗臭味，班级内没有几个喜欢待在他身边的，总是避而远之，更没什么朋友，偶尔有一两个男生与他交流游戏。

总结以上原因，除了家庭原因外，孩子的心灵离开了集体的港湾是胡雪文成为大家眼中"问题学生"的主要原因。

三、辅导策略

作为班主任，我必须让这条漂流的小船尽快回到集体中来。

（一）通过角色扮演，撕掉标签，同过去告别。

标签常常潜移默化地影响着自己与他人的行为方式，撕掉标签，才能重塑行为。

我问过胡雪文："从今天开始，咱们做个好孩子行吗？"他给予了肯定的回答，对这一点我很欣慰，无论是真心与否，但他的心还是在的。同学们对他的印象已经形成，不会因为短暂的良好表现而转变，而胡雪文如果经过努力的转变没有达到大家的认可会更加失望、懊恼，可能会影响以后老师采取的所有教育措施的效果。那么，如何给胡雪文一个重塑形象的起点，让大家对胡雪文的考察从0开始呢？经过这次长谈后，我和他说好要下定决心改掉缺点。虽然他和往常一样同意了，但我知道如果和往常一样就这么算了，结果一定会让我失望的。

在胡雪文走进教室之前，我先来到教室，和同学一番交流后，和同学们开一个游戏"忘记过去"。我把胡雪文作为一名新同学请进教室，并让他以同样的身份做自我介绍，说说他的特长，虽然大家和他交流的是游戏，但是场面很火热，连女同学都加入进来，说的过程中，他口齿伶俐，很顺畅。原来他不是不会说话，得说到他熟悉的。大家都进入我编撰的"故事"情节中，一个"新同学"发佛真的来到了"新集体"。

（二）放大优点，体验身份效应，强化行为成果。

行为养成是一个呵护过程。呵护新的优点，才能让它成长壮大。

接下来的一天，胡雪文做到了按时上学，在他在自己的位置上坐稳时，我就大力表扬了这位"新同学"，记忆力很好，上学第二天就记住了自己的位置还有到校时间，请大家给予掌声，同学们都很高兴。在接下来的听写中，他得到了100分。"同学们，新同学胡雪文这么棒，咱们得向他学习呀！"我也看到此话带给他的甜美。

以后的日子，他能做到连着好儿天按时到校，虽然作业完成得不是很理想，但总体还是在进步。

在课间中，同学们发现胡雪文跑步很快，但是有前提——得有人追他。说这事时学校快要举办春季运动会了，找个项目让他来参加，我心中暗下决心，也征得了同学们的同意。但是运动会上可不能让有人在后面追他啊，于是我和他商量，只要用尽全力跑就有奖励，他也同意了。虽然在运动会上没有取得成绩，但同学们和他的关系近了，一切都向着好的方向发展。

（三）行为监控，齐抓共管，塑造良好行为。

通过监控行为，留下习惯性行为的痕迹，在意识层面利用集体力量约束不良行为。

教育是个长期、复杂、循环往复的过程，一段时间的热乎劲个儿过去后，还得有长期打算和惩罚措施。

我和他商议一套方案，在上面记下他的功与过，一周的过超过两次就要扣分，达到满分得到阳光币的奖励。一段时间，他果然收敛的很多，大多时间都能按时上学，和同学们的关系也改善了，说过的要求提一次就能主动去做了。

三、辅导效果

通过各种辅导措施的实行，胡雪文虽然和大家眼中的优秀学生还有一段距离，但他和集体的距离渐渐贴近了。没有说不喜欢挨着他的了，希望他的心慢慢地驶进集体。

星空闪亮——付老师和自闭症孩子的故事

卢新元

在座的各位老师大家好，我是来自回龙观第二小学的卢新元，今天我演讲的题目是星空闪亮。

在这个世界上，有这样一群孩子，他们虽然不聋，却对外界充耳不闻；虽然不哑，却不愿开口说话。他们看起来像星星一样纯净、漂亮，同时也像星星一样孤独、冷漠。人们诗意的将他们称为"来自星星的孩子"，但是残酷的现实中，因为他们严重孤独、缺乏情感反应、刻板重复动作的特征拥有着一个残酷的医学称谓"儿童自闭症患者"。

达达就是这样一个来自星星的孩子，他在夜空孤独地闪烁，生活在自己的世界中。直到两年前有一颗璀璨明亮的星，陪伴着他发光，指引着他闪烁，从此达达的夜空漫天星辉。这颗星就是来自龙观第二小学的付春晓老师。今天我将为大家娓娓道来，付老师和一个自闭症孩子的故事。

刚刚迈进小学校门的达达，在付老师眼里是一个十足的小机灵鬼，一双滴溜溜的大眼睛配上高挺的鼻梁，让她有一种说不出的喜欢。但是随着时间的流逝，付老师发现在达达身上出现了一些奇怪的地方。

达达总是重复一些固定化的动作，上课的时候将别人的文具拿到自己手里"一探究竟"，还喜欢一直玩耍身边的塑料袋，有时候也盯着一个旋转的东西短则几分钟或者长达数小时不动。除此之外，伴随以上行为的还有达达从不回答他人提出的任何问题，永远缺乏和他人眼神交流。

付老师及时的将这些小小的不对劲反馈给达达的父母，但是孩子的父母觉得老师太敏感了，一直没有放到心上，他们觉得这是男孩子骨子里好动的天性使然。直到发生了震惊整个学校的厕所事件，达达的父母才开始意识到他们的宝贝或许真的病了，而且还病的不轻。在付老师眼里，达达的奇怪还表现在只要一有时间就窝进厕所不出来，她一直很好奇孩子在厕所干什么。突然有一天，学校的班车司机找到付老师，告诉她，撞见她们班的一个男孩在喝小便池里的水。付老师的眼睛里写满了震惊，立刻联系到孩子的父母，陪着他们马不停蹄的带孩子去一系列的相关机构去鉴定。最初的那些小小的奇怪，终于变成一个大大的黑洞，将达达一家彻底吞没了——达达被确诊为自闭症倾向，由于没有语言能力，程度测评为中度。

　　达达的父母觉得整个世界都分崩离析了，他们在心里一直重复着为什么是达达，为什么是我们的孩子，为什么，为什么。强烈的绝望感，将这个家庭击穿。现有的医学结论已经证实，导致自闭症的原因是一种先天的大脑损伤和异常，但是人们往往津津乐道于他们雨人式的天才和怪癖，而对他们的真实处境知之甚少。社会上能提供给自闭症患者和家庭的资源资实在是少之又少。

　　这时候付老师的出现，带给了这个被阴霾笼罩的家庭一丝光亮。原来付老师曾经在学校的安排下，参加过一系列的特殊教育学习。她和达达的父母说："生活是孤独症儿童最好的老师。"她和家长建议要给孩子在生活中进行融入式的训练，她想让达达享有同样在蓝天下幸福生活的权利。

　　在接下来的日子里，付老师总是不厌其烦的主动和达达交流，却屡次遭遇碰壁。达达真的像是来自另一个星球，他游离在现实世界之外，和谐美妙的声音在达达的耳中如雷轰炸、如针刺耳，所以音乐课对他来说如坐针毡。达达喜欢橡皮这种有弹性的材质，所以他总是拿走别的小朋友的橡皮，招致别人的告状。达达还喜欢喜欢臭味，喜欢某种刺眼光线，喜欢撕包装纸，喜欢咬手指。达达甚至看都不看付老师一眼，一切似乎在情理之中。直到有一次，付老师不经意间翻看达达的速写本，被他的画所打动而夸赞他时，发现他竟然腼腆地笑了，甚至还跑开了，真是意料之外。付老师总是在第一时间把这些牵动着她神经的小变化欣喜若狂的和孩子的父母沟通。在两年的相处过程中，付老师通过私下的学习，愈发清楚的了解自闭症的孩子。他们喜爱特定的动作，并且做得准确无误，乐此不疲，甚至一生都在固执地重复着一个没有意义的动作。

　　付老师说：世界有点平淡，大家都做一样的事、说一样的话、追寻一样的目标。也许就是因为这样，于是有了自闭症的孩子降临。他们在这个世界上有着不一样的行为，说着不一样的话。达达就是这样一个特别的孩子，所以需要付老师付出特别的爱。

　　"如果把我碾成粉末，能为我的孩子铺成一条安康的路，我将毫不犹豫地跳进粉碎机……"这是付老师的QQ签名。在她的努力下，达达取得了一个个里程碑式的进步——达达会写字了、达达会说付老师穿的真漂亮了、达达会对着照相机笑了、达达……可是又有谁看到了付老师的艰辛付出。自闭症儿的精力很难集中在一个点上。为了吸引达达的注意，付老师把用水笔在每

个田字格的格子点上密集的小点，然后引导达达连成线，教他写字。很多简单的练习，达达都会烦，但是付老师改变法子教，做好了就给他一个饼干，还不停夸他，"你是最棒的。"付老师几经努力终于让达达的星空不再那么黯淡。

达达的家长在前不久给昌平区教委和学校送来了感谢信，正是因为付老师的执着，他们慢慢看到了达达的未来。

如果说来自星星的达达在寂静的夜空是那样的孤单，那么付老师便将自己的心揉碎，化作一颗颗璀璨的小星星，只为可以和达达作伴驱散孤单，让属于达达的星空闪亮。

融合教育浅析

梁静

一、融合教育的概念界定

融合教育（inclusive education），原是一种用来描述障碍学生融入正常学生的班级、学校、社区环境，参加学习和社会活动的专业术语，其基本含义是不要把障碍儿童孤立于隔离的、封闭的教室、学校、交通设施和居住环境之内。融合教育主张那些有特殊需求的儿童能真正地和正常的同伴一起参加学前教育、基础教育和高等教育，最大限度地发挥有特殊需要儿童的潜能。最初，融合教育只是一种对特殊儿童进行教育安置和教学策略的建议，但是，近十几年来，融合教育不只是单纯地指某种特教安置形式和策略，而是一种渗透着人文主义精神，促进正常儿童和有特殊需要儿童共同发展的教育思想。这种教育思想的形成与人权意识、教育的机会平等、教育以人为本等思想是一脉相承的。

二、实施融合教育的意义

融合教育在当今社会教育发展的潮流中已经成为了一项必不可少的教育手段，目前随着我国有特殊需要儿童比率上升的提高，有效的实施融合教育，让更多的群体来接纳他们，给他们一个开阔的情感交往空间，让他们脱离自我空间意识状态，最大限度的改变每个孩子和家庭，营造和谐社会，让其在康复干预的同时更好的提高孩子的能力，使其的教育实施到有意义的教育中来；有效的实施融合教育可以使有特殊需要的儿童的个体逐步的被所生活的群体而强化，让稚嫩的心灵开始启迪，让自我空间开始融入社会，培建正确地人格，使每个孩子在康复干预的过程中习得社会的规律与法则，习得与别人交往、习得自立、自理的能力、健康的成长。

三、融合教育的实施

（一）学生情况

基本情况：宋岩溪（化名），男，2007年7月出生。爸爸高中文凭，妈妈小学文化，爸爸妈妈常年在外做生意，不在孩子身边，从出生就随爷爷奶奶长大。

1.卫生习惯不良。

中午吃饭会弄得满桌饭粒、菜汤，从不会主动打扫；自理能力差，不会收拾书包、桌箱，他的书本、卷子永远是皱巴巴或者撕坏的；而且经常丢东西，也不知道找。

2.行为习惯差。

上课走神，总发呆，不能集中注意力听讲，自制能力差。不愿意与人交流，沉默寡言。极度缺乏自信。

3.学习能力弱。

该生学习十分吃力。首先是识字能力差，写字姿势笔顺不正确，写的字总比格大，稍长的句子、段落就读不懂，不理解意思。其次是写作能力差，不能清晰地表达自己的想法，句子多半不通顺。最后是计算能力差，进借位加减法还算不清楚。另外，上课从不举手回答问题，叫他起来就默不作声。

（二）应对措施及效果

我一直想帮他，想让他在学习方面有所进步，找到自信。经过两个多学期的努力，该生真的进步了不少，渐渐地脸上多了笑容。可是我忽然又意识到了另外一个问题：成绩真的是最重要的吗？对于该生，他只是需要成绩吗？由于爷爷奶奶的爱护，他的生活全被包办，衣来伸手饭来张口，没有自理能力，管理不好自己的东西，我认为教会他如何生活远远要比单纯的提高成绩更重要吧！我希望他学会自我管理，这样才能身心健康的成长。

课间我把他叫到身旁，把昨天同学捡到的红领巾递给了他，他说："谢谢老师，这就是我丢的。原来在您这，我找了好半天都找不到。"我笑着说："不用谢！咱俩能不能定个约定？你每天都保证把红领巾整齐地戴在胸前，每个课间你都要检查，出了校门以后如果它还在，我就奖励你一枚小印章，你拿到五枚就可以来我这换一元阳光币！"听完我的话他的小眼睛顿时放了光，"真的？"他问。我朝他点点头，我们进行了拉钩约定。

　　该生真的很需要他人的鼓励和认可，虽然很多时候他都变现得无所谓，其实他还是很在乎阳光币的多少。以前他个方面都不是很优秀，获得阳光币的机会也很少，虽然我这给我的不多，但他能看到希望，所以他也在努力做到。虽然他现在可能只是为了我表扬他、为了获得阳光币，可是我相信在这些奖励的刺激下，最终他会把这些行为发展成自己的好习惯。

　　那天天气很热，孩子们活动的满头大汗，我看到从操场回来的该生满头大汗、还高兴地和同学聊着什么。我顺势一看：咦？红领巾没在！我不动声色地观察着他。他的红领巾在他的口袋里，还露出一个角。他似乎已经忘记了我们的约定……上课铃响了，我没有找他，就回办公室了。

　　下课了，该吃午饭了，可是该生却急急忙忙向我奔来。此时红领巾已经重新戴在他的胸前了。他不好意思地说："刚刚上体育课，太热了，我就把红领巾摘下了，下课我……我忘了戴。"他低着头，说话的声音越来越小。

　　于是我们商量着再追加一条约定：体育课或者户外活动特别热的时候可以摘下，但活动结束必须记着再戴上，如果违反那么就不能得到小印章。他说好，可是还不走。我知道，他在担心当天的小印章。于是我说："放心吧，看在你这么主动认错的态度上，只要下午保持好，小印章会奖励给你的。"他这才点点头高兴地去吃饭了。

　　他很在乎这个小印章的奖励，可是却还没习惯管理自己的东西，忘记也是难免的。既然孩子认错了，我觉得也没有必要和他较真，本来我的目的就是鼓励他越来越好。我的引导已经使他有所改变，并让他慢慢意识到每一件事情都可以通过自己的努力做到精致。

　　他完美地完成了看管红领巾的任务，获得他那段时间努力的第一次成果——一元阳光币。他的脸上留下了无比灿烂的笑容。他还告诉我：其实看管红领巾挺不容易的，每天都得时时刻刻地想着，否则就失败了。不过很高兴获得到了一元阳光币。从他说的这些话中，我知道他在尽力，这就足够了。而且每一个习惯的养成都是一个漫长的过程，我会耐下心来"静待花开"。

　　有一次我们外出实践，我要求孩子们把红领巾都收好。孩子们有的把红领巾一把扯下来团成一团就塞进了书包或者桌箱。然而该生却小心翼翼地取下红领巾，在桌面上把它叠整齐，又轻轻地把它放进书包的小兜里。我欣慰地笑了。接着我说："我看到了一名合格的并且优秀的少先队员。"孩子们听了我的话面面相觑。"该生，把你刚刚做了什么好好和大家讲一讲。"于

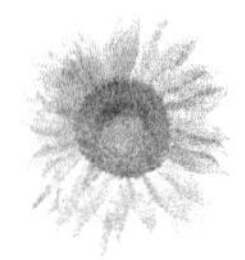

是该生就把刚刚叠放红领巾的过程说了一遍。有的孩子不好意思地吐了吐舌头，有的孩子低下了头，还有的孩子红了脸……我接着说："现在请大家重新整理！"孩子们赶快拿出皱皱巴巴的红领巾认真的叠起来，此时的该生腰板挺得笔直，我冲他投去赞许的目光。

这件事情很小，却无意中锻炼了他的意志。他今天的表现无疑为他找到了自信，而我也适时的利用这次机会对全班孩子进行了一次强有力地教育，让他们知道爱护红领巾是每个少先队员的义务。

经过一段时间的坚持，他现在已经养成了习惯，他的红领巾再也没有丢过。并且不知何时开始，他的桌箱、书包都变样了，由从前的凌乱变得整洁了；由从前的乱放变得有顺序了；由从前的包办变成自己整理了……

变化还不止于此，该生已经能管理好自己自己的红领巾了，我认为只是口头表扬和兑换阳光币已经不能更好的激励他了，于是我在班里宣布该生为红领巾管理员，需要他每个课间监督同学们有没有佩戴好红领巾，每个同学一天提醒两次，再不戴就要扣掉小组的相应分数了，监督同学们做个合格的少先队员。

他的班级荣誉感越来越强了，责任感越来越强了，不经意间他成了我的得力小助手了。

经过不断的努力，课上的该生也特别积极，课堂上总会看到他高高举起的小手，总会听到他洪亮的回答；他所写的日记和作文，字数多了、表达更清晰了，好词佳句的运用更娴熟了；每次测验的成绩也位于优秀的行列了……通过自己的努力，他得到了来自同学们的掌声和称赞，他更开朗、更阳光了，现在总能感受到他身上有着阳光般的自信了。

在普通学校的教学中有效的实施融合教育，可以让更多人对这些孩子的认识和接纳提供直接可行的路径，真正达到同在蓝天下，我们共成长的目的。普遍性实施融合教育不仅使家庭、机构、教师、学校对其进行帮助，而且可以使全社会的方方面面共同参与，携手共进，正确认识这个特殊的群体，给与这个群体更多的关爱，打破雨人的自我空间，让全社会来牵引这颗封闭的心灵，让他们将来更易于在社会中生存。

第四章　阳光学子，梦想编织五彩童年

百变女神

作者：马墨涵　指导教师：付春晓

百变女神，听到这个词是不是觉得很善变呢？哈哈，其实是一位优秀的语文老师，她就是我们的班主任——付老师，她有一头乌黑浓密的长发，浓浓的眉毛下，有一双炯炯有神的大眼睛，她的眼神似乎可以看我们每个同学的心思、高高的鼻梁下，有一张能说会道的嘴巴，在我心中，她是一个女神，一个"百变女神"。

付老师有时候对我们要求很严格。比如我们在做作业的时候，字迹必须工整认真。如果谁马虎大意，就必须重新写，直到写好为止。但有时候她又像朋友一样，特别可爱。记得有一次课外活动，付老师给我们每一个人都取一个爱称。给张恒博取名"博士"，王子涵取名"王子"，王冰取名"冰儿"，给我取名"墨墨"，还有好多，有意思吧？听了我的叙述，你们是不是也觉得我们的付老师很可爱呢？

在我们的生活里，她又像妈妈一样，特别温暖。有一次放学的时候，下起了大雨，我们几个同学的家长还没有来接。于是付老师就为我们几个打着伞，直到我们几个被一一接走。看着付老师雨中撑伞的样子，我感到了像妈妈一样深深的，暖暖的爱。

付老师还很活泼。她可是国安的超级球迷呦！也许正是因为这样，她才有一种不抛弃，不放弃的精神。我们班有一个同学以前特别淘气，还很爱捣乱。尽管这样，付老师仍然没有放弃他。经过一学期的努力，这位同学不仅改掉了爱捣乱的毛病，而且学习上还有了很大的进步。这位同学的家长由衷地为付老师竖起了大拇指！

这就是我心中的"百变女神"——严格，可爱，温柔，活泼，坚强！

"神人"老师

作者：扶晓晟　　指导教师：张妍

　　她，我的语文老师是个"神人"啊！不信请看！

　　第一神，背后有眼睛。我这位老师准确地说不是千里眼而是近视眼，有一次他讲课我在下面偷偷画小人，我弯着要，躲在前排同学的身后，我以为藏的严严实实，心里正洋洋得意地画着，老师走到我的桌前，问我，上课为什么不注意听讲，吓得我不知所措，赶紧坐直了身子，有了这背后的眼睛我上课再也不敢开小差了。

　　第二神，长得漂亮。白白的皮肤，栗色的头发，总爱戴一个爱心发卡看起来更加美丽动人，但是张老师做事严格，一丝不苟，一直以来，老师让我们做到的是今日事今日毕，这已然成为了我们班的班规。

　　我们和老师一起相处两年了，有时我们是朋友，有时我们是师生，由不熟到现在，我已经离不开这位严格的老师了，我希望能一直教到我们小学毕业，我想对我的来时说："您是一位好老师，虽然，对我们非常严厉，从您身上让我学到终身受益的东西。"

勿忘国耻，珍惜和平

三二班 孙琪　　指导老师：颜志耘

当看着太阳冉冉升起时，当看着校园里高高飘扬的五星红旗的时，当坐在电视旁看着我们神十上天的时，当坐在宽敞、现代教学设备一应俱全的教室里学习的时候，我有时在想：今天的幸福生活，今天的国富民强可是来之不易呀！

我们的祖国曾饱受外国侵略者的蹂躏，那八国联军火烧圆明园，抢走中国无数的文物，让我们的国家造成了无法估量的损失。

在七十多年前的7月7日，日本鬼子为了达到占领中国的目的，找借口要进城搜索。被拒绝后，他们暴露出可恶而凶残的面目。就这样抗战的第一枪打响看，这一战就是八年啊！这八年中，日本侵略军的三光政策让多少人流离失所，失去亲人；这场战争中，南京30万同胞的鲜血染红了长江……这一幕幕的惨剧，我仿佛看到当时的大地在呻吟，黄河在咆哮，中华民族在怒吼。

就在这民族危难的时刻，很多革命先辈为了民族的解放，宁愿抛头颅，洒热血。他们那种不向敌人屈服的精神多么让人佩服。如当时的29军的赵登禹师长，他在没牺牲之前，总是和他的孩子说："孩子，如果爸爸没把鬼子赶走就已经倒下，你也要参加抗日志愿军，和我一样杀鬼子"。这种舍己为国的民族精神精神多么需要我们代代相传下去。在践行社会主义核心价值观的今天，更需要我们把这种舍己为国的爱国主义精神发扬广大。

现在，我知道了祖国的过去，了解了祖国的历史。知道了落后就要挨打，知道了我们今天的幸福生活和国富民强来之不易，是无数的革命先烈用自己的鲜血和生命换来的。知道了新中国成立以来，我国创造了无数奇迹。奥运会上的枚枚金牌，神十上天等等都在向世界证明了我国的实力。

但是抗日战争给我们带来的痛苦与灾难，我们怎能忘记？抗战的胜利是无数革命先烈用鲜血换来的。我们应该远离战争，珍惜和平。

少年强则国强，作为一名新世纪的小学生我们要勿忘国耻，要珍惜和平，要牢记倍受欺辱的昨天，更要珍惜今天的一切，不能浪费粮食，要节约用纸，节约用水，注意保护环境；更要努力学习，为了祖国更美好的明天，为了实现我们的中国梦而奋斗。

（此文获昌平区征文比赛二等奖。）

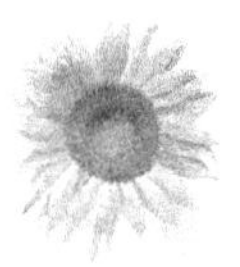

《小兵张嘎》观后感

三二班 杨世琪　　指导老师：颜志耘

今年是抗日战争胜利70周年，老师让我们观看和阅读有关抗日战争题材的影片及书籍资料。妈妈下载并搜集了许多影片及书籍。其中看了《小兵张嘎》的这部电影，使我深受感动。

影片中主要讲述了抗日战争时期嘎子的故事。生活在冀中白洋淀的小男孩张嘎与奶奶相依为命，为了掩护在家养伤的八路军侦查连长钟亮，奶奶英勇牺牲，钟亮也被敌人抓走了。为了替奶奶报仇，救出钟亮，嘎子历尽艰辛，克服重重困难，找到八路军，当上了一名小侦查员。

看完电影，一个机智勇敢、热爱祖国、不怕困难的小英雄的形象浮现在我的脑海中。我被深深的感动了。在与日本鬼子的斗争中，嘎子机智勇敢，沉着冷静！那个年代，他只不过是和我们年龄差不多大的孩子，吃不饱，穿不暖，更不要提上学了。就是在这样艰苦的环境中，他乐观勇敢地生活着、战斗着！我还想到了在那个年代里，还有很多可歌可泣的抗日小英雄的英勇形象。例如放牛娃王二小、送鸡毛信的海娃、芦花村里的雨来，等等。

和嘎子他们相比，我想了想自己，觉得自己有多不足。在困难的任务面前，嘎子信心百倍，坚持不懈，而我有时碰到一点点困难就退缩了。记得有一次，我有一道数学题怎么做也做不出来。一气之下，我心想这题太难了，干脆就不做了。现在想想，我感到内疚和惭愧！连一点儿小小的困难我都克服不了，以后还怎么能够面对生活和学习中许许多多的困难呢？

比比他们，我们是幸运的，可以坐在宽敞明亮的教室里专心致志的学习，老师、父母对我们关怀备至。我们更应该努力学习，面对困难要勇于挑战，不断努力，顽强拼搏！我一定要学习嘎子那种遇到困难不退缩的精神！要好好珍惜，抓紧时间，不怕困难，增长本领，学好科学知识，努力把祖国建设的更加繁荣富强、辉煌灿烂！

为我的梦！北农附小梦！中国梦！加油吧！

（此文2015年获昌平区征文比赛一等奖。）

亲近自然　亲近绿色

——游农业嘉年华有感

四年级一班　范明倬　指导老师：赵慧超

4月18日，我们全校师生参观了农业嘉年华。一路上，同学们兴高采烈，嘉年华让我们亲身体验了农业的科技与乐趣。

首先，我们进入的第一个场馆是"瓜样年华"。在这里有来自挪威、丹麦、荷兰等地的奇特瓜类80多种。有奇形怪状的葫芦、有200多斤的巨型南瓜等等，它们有长的、短的、胖的、瘦的，有长得像刺猬的，有长得像麦克风的，各种各样。

接下来我们又来到了幽兰奇境，这是兰花的世界。刚进来的时候我就深深地被这迷人的香味所吸引了。静静绽放的兰花，散发着清香迷人的香气，营造出浪漫、梦幻如仙境般的氛围。

最后一个环节，我们来到了草莓天瀑。满眼的草莓令同学们无比惊讶。一进去一股浓香的草莓气息扑鼻而来，放眼望去，一笼笼又红又大的草莓挂在上面，像是满天的星星，馋得我们的口水是"飞流直下三千尺"。在这里我们大家欣赏到了各种与众不同的优、新、特草莓品种和先进的草莓立体栽培技术。

时间分分秒秒地流逝着，转眼间，我们也将要离开了。这次活动不仅让我们有更多的机会亲近自然、亲近绿色、走进健康，还让我们加强了人与自然、生态农业和农业未来发展等内容的认知，拓宽了我们的视野，丰富了我们的文化知识，是一次非常有意义的活动。

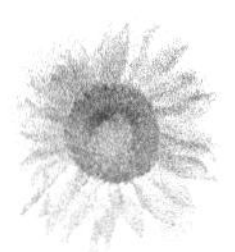

书香伴我成长

二年级3班 王宸萌　指导教师：栾英梅

别看我年纪不大，我的阅读史已经有8年了，从我会坐就喜欢上看书了，你们看我认真看书的样子，是不是很可爱呢！

从小到大，我就与书结下不解之缘。小时候的每一个夜晚，我都是在一个个童话故事中入睡的，童话书里那一幅幅有趣的图画，一个个生动的故事，都给予了我快乐与智慧，在书中，我认识了美丽善良的白雪公主、可爱的小红帽、因为骄傲而输给乌龟的小兔……；

进入小学，随着年龄的增长我越来越爱读书，阅读的范围也越来越广泛，各种故事、绘本、百科、历史、漫画……我都爱看。读书给予了我无穷的乐趣，成为我日常生活中必不可少的一部分。

读书让我认识了大千世界。

读法布尔先生的《昆虫记》，我认识了粪金龟、蝎子、蝉、红蚂蚁、蜘蛛等昆虫。粪金龟可不是乌龟哦！它们是一种昆虫。你们猜粪金龟会不会飞？其实粪金龟会飞的。粪金龟只要一闻到粪便的味道就会马上飞过去，然后滚成粪球。它们还是雕刻家，它们会把自己产卵的粪球雕刻成梨的形状。

我还喜欢蝎子，蝎子有坚硬的外壳，八只眼睛，两个又大又有力的大钳子。它们的尾巴顶端有一根毒针，毒针用来杀死猎物。蝎子每年可以杀死几百人，很可怕吧。

　　我喜欢的还有会唱歌的蝉。蝉的幼虫要在地下呆四、五年，然后才会钻出地面变成真正的蝉，它们的食物是树汁。蝉最惊人的一点是公蝉会叫而母蝉不会叫。

　　大自然太有趣了！我爱大自然！

　　读《神奇的校车》，弗瑞丝小姐的这辆校车，真的是"神奇"，它可以变成潜水艇、变成一艘船；可以穿越时空，到未来到古代；也可以到人的身体里面去。在书里，校车带我去了人体内逛了一圈，校车先是从嘴巴进到胃里，又到了肠子里，然后到血液里，我看到了许多红细胞和白细胞，红细胞比较多，像游泳圈，白细胞少一些，正在忙着杀死病菌。这次旅行使我了解了人体内的构造，知道了人体由亿万个细胞组成和身体里器官的用处。真是太有意思了！

　　《动物百科全书》，让我认识了世界十分罕见的鸟：秃鹰、岩鼠等；

　　《小小背包客》带我去了撒哈拉沙漠、南美亚马孙、南部非洲、北极地带这些地球上最神秘、最美丽的地方，这里神奇的动物、勇敢的居民、奇特的生活方式，还有我从没听过的传奇故事，深深吸引着我。

　　一部好书也能让我们受益终生，它不但让我们增长知识，还能使我们明白很多人生哲理。

　　我现在最喜欢看的书是：《影响孩子一生的人物》，这套书讲了很多名人的故事，有居里夫人、武则天、秦始皇、鲁迅、岳飞、李白、司马迁、华盛顿、牛顿、爱因斯坦等等，我最喜欢的一本就是《居里夫人》，大家都知道她是伟大的物理学家、化学家，非常著名的诺贝尔化学奖获得者。小时候居里夫人所在的国家波兰受到了俄国的侵略，俄国人不允许波兰的孩子学习波兰文化、历史和语言，他们就在俄国警察的监视下偷偷学习本国文化。她家境贫寒，不得不中学毕业就给别人当家教供姐姐读书，姐姐毕业后她如开始饥似渴的学习知识，她穿着旧衣服，住着简陋小房，用茶水和面包充饥。她为姐姐无私的奉献，对知识的可求，深深的打动了我，真是太佩服她了！一个人如果想要取得好成绩，是不容易的，要有所成就，更不是轻而易举的，必须付出艰苦的劳动，并要坚持不懈。

　　难怪有人说："书是人类认识世界的阶梯，书是人类共同的精神财富。"

　　读书不仅是我生活中最快乐的一件事，还是我每天必做的一件事。畅游在书海中，让我足不出户就能游历世界，能穿越时空，了解各种时代、不同民族的风土人情。每当发现有好书，我仿佛被磁铁吸住，赶紧放下手头的

活儿，津津有味地看起书来，我会先把书很快的翻阅一遍，然后就一页一页仔仔细细的阅读。每当看完一本好书时，我总是意犹未尽，回味起书里的内容，就仿佛身临其境。

我愿与书交朋友，书香伴我成长！

我的家乡——兰州

二年级3班　宋子禾　　指导老师：王萌

　　我的家乡在美丽的兰州。兰州位于中国的西北部，那里四季分明，非常舒服。

　　兰州风景优美。那里有一条很长一眼望不到边的河，它的颜色是黄色的，河水深，水流急，它的名字叫黄河。黄河是中国第二大长河，非常壮观。让我最难忘的就是坐黄河快艇，又刺激又惊险。当快艇奔驰在黄河宽大的河面上时，真是太令人激动了！

　　兰州不但风景壮观，物产也很丰富。那里盛产百合、枸杞、党参，玫瑰。百合又好看又好吃，不但味道清甜还有很高的药用价值。如果我能亲自去百合园里，我会送爸爸妈妈一大把百合花，愿他们永远快乐；如果我的朋友们来到我的家乡，我会用最大最美的百合招待他们，让他们美美吃个够！

　　我爱我的家乡，兰州欢迎你们！

第五章　阳光家校，并肩协同共铸辉煌

成长日记

一年级二班王梓湘宜家长　　韩春明

我是一位普通的妈妈，非常荣幸能有机会分享成长日记。女儿今年8岁，就读于龙观第二小学一年级。今天，我想针对孩子的成长日记，进行分享，也许能给您带来不同启示。

相信不同的家庭，处理模式略有不同，望子成龙，望女成凤，初衷都是为孩子好，希望孩子健康、快乐的成长。孩子的进步，不是一天二天，与诸多方面都有关联，包括衣、食、住、行等方方面面，优良的学习环境、优良的家庭教育理念对孩子的成长尤为重要。

下面就"家校合作、习惯培养、鼓励进步"等主题展开。

一、家校合作，积极心态面对。

女儿班主任石岩老师，是一位优秀的严谨的班主任老师，第一次家长会，给我留下非常深刻的印象。严谨的工作态度，和蔼可亲的笑容，思路清晰，目标明确。我心中窃喜，太好了！我女儿好有福气，有这样一位优秀的老师做指导，作为家长，怎样配合班主任老师做好家校协作呢？

温故而知新。如语文课生字多，基本每天安排孩子做听写。学校时间有限，注重孩子的学习，便是协助老师工作。其他课程，每周基本以周为单位，进行周复习，改错题等。

与老师多沟通。鼓励孩子上课积极回答问题，跟着老师的节奏走，为此我与女儿也经常交流类似的话题，不定期了解孩子的近况。记得有一次，英语老师刚刚更换，孩子有些小抵触，不熟悉的面孔，不同的音色，似乎学习

上有些不配合。私下里，主动与英文老师QQ建立沟通，希望多关注。晚上放学，孩子特别高兴的告诉我，妈妈："您知道吗？今天老师夸我非常棒，我非常喜欢学英语"。多与老师建立沟通和交流，关注孩子成长的点滴，协助她走稳每一步。

好习惯，要养成。良好的学习习惯，非常有必要。无论多忙，每天定时关注班级微信群、飞信通知等，积极配合老师工作开展；孩子自觉准备好次日学习课本；家长每天坚持检查各科作业，并针对类似错题，协助孩子总结经验。

孩子的进步，要给予肯定，哪怕是微小的进步。

二、习惯培养，是一个过程。

（一）首先锻炼孩子的耐心和意志力

例如：女儿学习钢琴三年有余，从刚刚兴致勃勃，到后面某个阶段困难重重，因为苦，因为累，因为需要天天练习，孩子是有惰性的，也会疲惫。为此，我与钢琴老师、身边有经验的妈妈们，做交流，谈感想，调整与孩子沟通的方式，不断鼓励和激励。"谈的真好听"，"音乐好美妙"，"我还想听一次"。不断的改变与孩子心灵沟通，与孩子渡过一个个小难关，从抵触，到接受；从接受，再到喜欢；自觉主动的学会练习。如何让她坚持学下去呢，我相信孩子的坚持，更多是家长的坚持。我为女儿制定了一个计划表，主动练习钢琴一小时，启动激励政策，积攒小贴画50枚，可换一个喜欢的礼物。

（二）约束孩子，更要约束家长自身

天天教育孩子讲文明、懂礼貌，家长以身作则最为重要。楼下熟悉的大爷大妈，早晚见面，我都会主动打招呼问候，一时一刻的行为，相信都会潜移默化的影响着我的孩子。妈妈是孩子最好的老师，我要力争做一个称职的妈妈。

（三）家庭氛围尤重要、家庭矛盾需规避

1.一个和谐的家庭氛围，对于孩子的成长尤为重要。家中也有为人处世，孩子的眼睛是雪亮的，先说说尊重长辈吧。

女儿喜欢吃独食，特别是东西不多且较珍贵时更能看出吝惜的眼神，每次见状，我跟先生便眼神会意，达成默契："嘟嘟，你的好东西给爷爷、

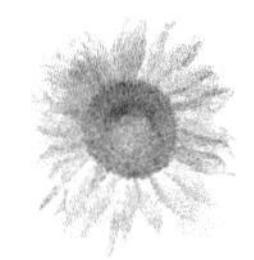

奶奶、爸爸、妈妈分享了吗？谢谢……谢谢嘟嘟……"嘟嘟每次到奶奶那里，就是虚晃一枪，奶奶每次都说："不吃不吃，奶奶不喜欢吃，宝贝自己吃吧。"时间长了，嘟嘟认为奶奶会拒绝的，干脆不给或走形势，为此我们还特意开了一次小型家长内部会呢，今后一律配合嘟嘟开展分享工作，一个字："吃"。锻炼孩子的宽容而不吝惜，懂得尊重与被尊重，真情实感用行动表达，做一个真诚的人。

2.一个和谐的家庭氛围，要学会规避矛盾

夫妻之间，婆媳之间，总之，有人的地方就有矛盾，家中亦如此。

夫妻间遇矛盾要冷静，要注重场合，如有争论话题不要太过激烈，内部矛盾浓厚时，建议在外解决后再回家，不建议很唐突，当着老人和孩子拍电影、拍续集，不顾及孩子和老人的感受。我跟先生这样处理：找一个茶馆、咖啡厅或饭店，沟通OK后开开心心牵手回家，不给老人、孩子增加心理负担！他们是无辜的，孩子什么都能看懂，营造和谐的家庭氛围尤为重要，让孩子知道家庭的温暖，有爱心，她才能更加健康、快乐的成长。

三、鼓励进步，把握尺度。

现在年轻家长，都很开明，基本都是鼓励为主，批评为辅，打骂就更少。

鼓励分物质奖励、精神奖励两种，如果两者的平衡掌握不好，势必会出问题。

如：物质奖励多，精神奖励少，时间长了，会出现没有物质奖励就没有精神动力，消极思想蔓延开来，无论什么事情均要索取，付出要有代价，似乎太功利。

生活中，建议多给孩子一些现象的空间，建立精神上的金字塔，即精神鼓励。

例如：小红花、小贴画、口头表扬、公众表扬等等，都是鼓励和激励孩子很好的方法，务必把握好尺度呦！

上小学后，我与女儿沟通比较多，入睡前，我会主动陪她聊聊天。一天中，有哪些不愉快的事情，遇到什么困难，我们都可以不隔天解决掉。孩子的人生观，正在不断的建立，需要家长正面积极的引导，您说呢？

以上，是我与女儿的成长日记。

把学校的奖励机制延伸到家庭

一年级一班张思麒家长　邹丽丹

孩子成为一名真正的小学生后，家长的状态也将发生改变，我先后参加过几次班级家长会，一（1）班班主任于老师提出的很多教育理念，我是非常认可的：

一是提到这个年龄一定要有良好习惯养成。

二是家庭的影响。确实，任何一个优秀的孩子，都不是横空出世的奇迹，而是有迹可寻的因果。

我相信每个家长在引导孩子方面都在想过各种办法，我们也是其中家长的一员，基于对孩子的性格与喜好的了解想出的一些方式方法，我们在做这些事情的初衷主要对孩子寄予两点希望：

一是自我时间的管理；

二是习惯的养成。

一、家校联动配合的措施：

（一）奖励机制方面：

1.时间观念：

咱们学校推出阳光币奖励，孩子对此兴致特别高，因此，结合孩子在家里的情况，我们在家尝试的奖励方法：

因为孩子正式进入小学，在学校已经有纪律以及时间点的要求，为了培训孩子更快适应以及对时间点的认知，最初我们是以一张整张表的奖励机制形式，主要包括比如：早上6：30准点起床、几点吃完饭、睡觉前收拾第二天的书包等，每个时间点需要完成的事宜，更多的体现在生活事项以及时间点的概念。

2.自主性与习惯的培养：

期间学校陆续有些家庭作业，我们在家对奖励表格也进行了调整，这次调整主要的想法：希望孩子放学后主动做作业。另外，期间和于老师沟通过孩子情况，于老师提出了孩子几个问题，我们在家庭奖励机制表上进行了增加项：

1.比如孩子上课还有说话的情况，看课外书等现象，在表内增加了一项：认真听课，上课期间不说话，此项以与于老师沟通核实为准；

2.于老师对孩子们提出书写的重要性；我们非常认可，表内项：每天书

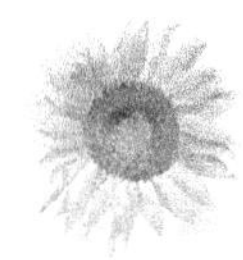

写2页好字行天下，要求字迹工整。

3.阅读的重要性，我们家庭表内项：睡觉前阅读不少于10分钟，孩子本身也比较喜欢看书，也正好作为激励项体现。

4.预习习惯的养成。结合学校与于老师提出的要求，我们在家里逐项给孩子以激励的方法来提出要求，慢慢养成好的习惯。

表格形式如下：

4月份在家主动完成作业与奖励机制表

	包含项	5日	6日	7日	8日	9日	10日	11日	12日	13日	14日	15日	16日	17日	18日	19日	2
1	语文课文复习与预习																
2	好字行天下每天2页																
3	写日记																
4	英语一起作业（95以上）																
5	数学一起作业（满分）																
7	数学每日题卡2页																
8	预习第二天需要学习的内容																

（二）在家奖励机制：

1.当天全部完成可以积一个星星，１０个星星可以完成一个心愿。

2.心愿孩子是每次提出的要求，自己写下来，按这个交换。

一点心得：孩子在执行过程中没有兴趣减弱，需要时不时给孩子一点小激励，比如：孩子喜欢看书和用手机趣配音，我当天早上会交待，如果今天完成后时间早，可以多20分钟看书以及趣配音２条。时不时观察孩子，把孩子感兴趣的事情进行些小激励，非常有效。

二、孩子的一些改变：

经过不定期与于老师沟通，以及在家里的观察，孩子整体来说有变化，已经有小学生的规范了，在家里主动性好多了，不用等着我下班回来再开始写作业，每天我下班回家，孩子会主动跟我说全部完成了，或者还剩下没有做什么。我自己的改变：之前事物巨细的关注着，能感受到孩子有依赖性，这个学期我慢慢的刻意不关注，孩子自己主动意识增加了。

家校合作 共促孩子健康成长

三年级五班芦一鸣家长　　吴红

　　望子成龙是每一位家长的愿望，要教育好孩子确实是一门学问，需要学校、家庭共同努力。

　　我的孩子今年三年级，在各科老师的辛勤培育下，目前各方面较前一段时间都有了一定的进步，作为家长备感欣慰，同时也感到要想把孩子培养成德、智、体、美、劳全面发展的好孩子，需要家庭和学校共同努力。浅谈一下我在这方面的一点点体会。

　　一直以来，我家这位同学热爱体育运动，在课堂上好动、注意力不够集中是大家众所周知的。在孩子成绩、思想浮动比较大的时期，老师不止一次主动与我沟通过这方面的问题，并建议采取一系列措施。比如在二年级时王老师开展的夹豆子、数25、体育锻炼等训练项目，对孩子的注意力方面是很有帮助的。这些训练科目，效果绝对是有的，但问题出现在哪儿呢，我对孩子的这些训练监督执行不到位！如果训练坚持到现在，会是什么样？可是，没有如果！

　　这学期刚开始时，班主任张老师就要求孩子们每天做仰卧起坐，上周的家长会上王老师说咱班即将开展亲子训练体育活动，一来为提高身体素质，二来也能令孩子子们的思维更敏捷等等，想到老师们对班上的孩子们关心与关注，为孩子们的成长日夜操劳，还为家长们想办法支招，而我呢，作为家长又做了些什么？

　　做为家长，我想当然地认为孩子应该各方面都表现优秀，经常就自动忽略了孩子的特点。孩子犯错了，听到老师反映孩子上课又不听讲了，或者考试不够理想了等等，常常就简单粗暴的批评孩子，指责孩子。

　　就在上个月，张老师与王老师分别找到我，在再一次与我沟通的过程中，都发现了这个问题，与我聊了很多，建议我调整好自己的心态，并传授一些与孩子交流的方法与心得，孩子虽然还有些许的不足，但也有了不小的进步。比如建议我在家多表扬，多鼓励，再对孩子提一点儿小小的期望，效果可能更好些。

　　虽然第一次当家长，但其实私下想一想，咱作为大人都不能很好的控制

脾气、心态，怎么能要求孩子在各方面都表现相当卓越呢？

听了老师的建议，我试着改变与孩子的沟通方式，也通过各渠道学习一些方法，每当控制不住脾气的时候，就对自己说微笑、微笑、微笑，孩子已经很不错了，需要学习改进的是自己……再与孩子进行沟通：张/王/赵老师都表扬你了，字写得很工整哦，考试成绩还不错哦，上课也不接话了呢，比以前更上课更认真了，如果作业再仔细检查一下，少错题，那就更好了！

我真有认真坚持一个礼拜！在那个礼拜的后半期，家里不再有高分贝、不再有硝烟弥漫的感觉了，我和孩子的笑容也多了，做作业没有以往那么磨蹭了……其中感受只可意会，只有自己做了，才知道，这变化是令人多么的欣喜。

在写这文章的时候，又一再反省，最近我怎么又有些故态萌发了啊，其实自己才是最需要做心理建设的，孩子的表现比我棒多了，偶尔小大人似的，还反过来包容我的各种不是。

张老师常说，孩子淘气是天性，说明孩子机灵、活泼，每个孩子都是很优秀的，我能随口就说出每个孩子的10个优点……

王老师常说，不管孩子考了5分，10分，还是100分，在我这里都是一样的好孩子，每个孩子都有他的闪光点，这个同学这次效率提高了，那个同学字写得更认真了……

每个孩子都有其优秀的一面亟待去发现！

我们更多的关注是用放大镜去找孩子的缺点，而忽略了自身的榜样力量。在我们看到孩子的不足时，首先应该要提高自己的心性，育人先育己。要带着放大镜去发现孩子的优点和进步，加以表扬，加以鼓励，增强孩子的自信心，同时敢于接受和面对孩子某些方面的不足和不完美。

孩子在成长的过程中还会有新的问题出现，我们要多多的看到孩子的进步与努力。只有当老师的良苦用心与孩子的个人努力及家长的配合默契，才能收到最佳教育效果，使子女健康成长。

交换图书，分享快乐

——跳蚤市场交换图书心得

三年级二班孙琪家长　解立影

四月二十日，我有幸参加了学校展开的"跳蚤市场图书交换"活动，让我真正体会到了孩子们阅读的乐趣和交换的快乐。

此次活动以班级为单位设立摊位，学生们充分发挥了自己的想象力和创造力，张贴海报，布置摊位，制作广告标语，把各自收藏的图书拿出来交换阅读。在欢快的音乐声中，同学们迫不及待的像自由的小鸟一样飞了出去，去寻找交换自己喜欢的书籍，留守摊位的同学们也不甘示弱，他们挥舞着广告牌，高声叫卖，吸引前来交换的同学，不得不说孩子们的潜力真是超乎我们家长的想象啊！我们家长代表有的乐此不疲地在原地给他们看摊，有的也跟着孩子们到处去换取图书。

为了交换到心仪的好书，同学们忙的不可开交，他们小小的身影穿梭在各个摊位之间，相互推销着自己的书，卖力地达成交换。看到有的 孩子心满意足的拿着换来的书，兴奋的与人分享着自己的喜悦，有的孩子干脆直接坐在操场上津津有味的看起来，让我感受到读书不但是快乐的而且把读书的快乐扩大到我们的身边是更快乐，更开心的事。

这次活动，不仅锻炼了孩子们的人际交往的能力、沟通的能力、语言的能力，更是培养了孩子们的阅读兴趣，而且还避免了不必要的浪费，真是一举两得的好事！同时感谢学校的精心安排，也希望有更多这样的活动，让孩子们快乐的爱上阅读。而且这次活动，还让家长一起参与，这种家校协同，让我们家长更好地了解了学校，更让我们近距离地了解自己的孩子在学校的表现，还能和其他孩子进行对比，知道自己孩子的差距。真心希望这样的家校合作的机会越来越多。

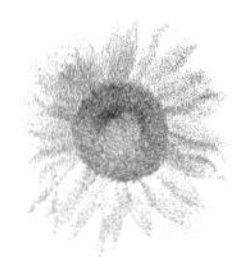

良好的沟通是家校合作的保障

四年级一班程子彤家长 曹娟茹

从孩子来到这个学校，在这四年里，我深深地知道，教育不只是家庭的事，也不只是学校的事，所以光靠父母和老师某一方的力量，要想教育好孩子是不够的，必须要联合父母和老师的力量，让家庭和学校的步调一致，劲往一处使。在这样的环境里，孩子会成长得更好。

在培养孩子养成好习惯时，家长和老师的沟通是不可缺少的，我们提倡"家校合作"。也提倡父母和学校主动配合。父母只有及时与学校沟通，并相互做好配合，才能改变孩子的不良习惯，把孩子培养成为一个具有健康人格的人。

我的孩子今年四年级，在老师的辛勤培育下，各方面都还不错，作为家长我感到欣慰，同时也感到要想把孩子培养成德、智、体、美、劳全面发展的人，需要家庭和学校共同努力。我就以我班的情况谈一下家校合作的感受吧。

老师与家长的及时沟通：赵老师是一个特别负责任的老师，孩子在学校的表现，赵老师每天都在班级群里发，有孩子无论做错事了还是做好事，孩子们的一举一动家长能够及时看到，家长能对孩子的表现有一个聊天的话题。能够再次帮助孩子有一个健康的发展。孩子的点滴进步，赵老师也及时在班级群里表扬，更加鼓励孩子的天天向上。

赵老师经常和家长电话联系，很多父母在和赵老师的交谈过程中，赵老师不仅要询问孩子在家的情况，还要提出自己的措施，同时也征求家长的建议。这样更好地教育孩子和帮助孩子。

赵老师以诚心和爱心认真对孩子表达情感；尊重孩子的意见，用开放式的陈述式语句和良好的肢体语言表达自己的意见和建议，让孩子有一个好的学习表达情感的方式。

学校组织各种校本活动，争取到家长的配合。通过致家长的一封信、与家长的联系，缩短学校、家庭之间的距离。这样让孩子有一个身心健康的发展。

老师、家长、学生三者之间的关系，能够达到彼此谅解、达成共识，是建立和谐家校合作的关键之一。

我为"回龙观第二小学"而骄傲

四年级四班周默家长　张悦

　　作为四年级四班周默家长今天有幸参加学校组织的运动会，伴随着欢呼和掌声，开幕式入场正式开始。国旗班迈着整齐划一的步伐首先进场，旗手们英姿飒爽，气宇轩昂，成为入场式亮丽的开端。紧随其后的是彩旗队昂首挺胸的入场，缤纷飘扬的彩旗让整个运动场瞬间增色。接下来，各年级各班的入场表演更是令所有到场的嘉宾和家长盛赞不断。让我感受最深的是中高年级同学们表演的团体操《网球操》，孩子们整齐划一、活泼动感的表演将会场的气氛推向高潮，博得场上阵阵掌声。团体操充分体现出了孩子们的团队精神和协作能力，他们每一个动作都做得那么认真，那么给力。开幕式结束后各种比赛项目都有条不紊地进行着，运动员们一个个顽强拼搏，勇争桂冠，啦啦队员们奔走呐喊，激情澎湃，短短的一上午时间给我们带来了无尽的回忆和欢乐。感谢学校领导提供了这次机会，让我们和孩子们一起体验到了运动的快乐，竞争的乐趣。在活动中培养了孩子的规则意识与协作精神，充分激发了孩子的运动潜能，树立了孩子的自信与集体荣誉感。感谢老师放弃休息时间为这次活动准备所做的一切努力！也谢谢你们，所有孩子们，是你们给我们带来了欢乐，希望你们健康快乐成长！　我想真心地说一声：是回龙观第二小学带给了我们快乐，我们也要把所有快乐传递出去，感谢回龙观第二小学！祝福回龙观第二小学！体育是精神文明建设的重要组成部分，是民族素质的集中体现。它锻炼的是体力，激活的是生命，弘扬的是个性和青春活力，收获的是笑脸和精神风貌。所有选手在此次运动会上突出了成绩，赛出了风格，发扬了友谊第一，比赛第二的精神，在比赛中寻觅了更多的光彩和梦想，在比赛中创造了更多的美好和辉煌。

　　最后，我衷心地祝福我们回龙观第二小学越办越好，更创辉煌！

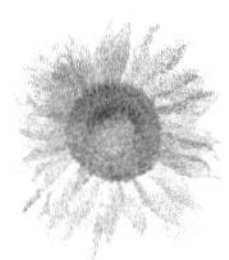

我为你们喝彩！

——团体操观后感

五年级一班李子涵家长　　韩云

"妈妈，明早我要5点钟起床！"放学后，刚一见面孩子就嚷嚷道。

"为什么这么早起床呢？"我疑惑地问。

"因为明天我们有团体操表演，去体育大学。而且，您也得去参观，因为我已经给您报上名了！"孩子说，脸上洋溢着幸福的笑容。

第二天，天气有些阴沉，气温偏低，然而今天的表演服装却格外单薄，显得有些不合时宜。我们都力劝孩子衣服里边再加一件背心，担心孩子们会因为耐受不了环境而着凉感冒。可这个小家伙却执意坚持贴身穿着，说是要保障整体的一致性，追求整齐划一。最后，我们拗不过他，只得多加一件外套来暂时保暖了。

当我站在观礼台上刚刚见到孩子们的预备队形时，气温仍未见改善，不由得为所有的孩子们担心，生怕他们会受寒着凉。可是，当孩子们的方阵打开后，我的所有愁云立刻被孩子们所展现的热情驱得一干二净。伴随着欢快的乐曲，满场鲜艳夺目的颜色，整齐划一的动作，响彻云霄的口号，激情四溢的笑容，完美无暇的表演……

还记得几天前的晚上，他时不时地看看自己的膝盖，我不知道发生了什么，以为是白天发生了磕碰。当我要求他给我看看时，我震惊了：原来是因为练习体操膝盖着地而磨破了，一定很疼的样子。虽然我看着很心疼，可孩子却说："没事，妈妈，一点儿也不疼。"

我的思绪被观众们热烈的掌声给带回了体操现场，表演结束后，孩子们都按部就班的整理好队伍，一切都是那么井然有序。

都说中国的孩子在顺境下生活惯了，不容易担当，更难以产生团队精神。可我却觉得，在老师们的悉心教育和培养下，孩子们的个人表现和团体协作精神都是我始料不及的。这些教育是在家庭无法实现的，却真真切切的体现在孩子们的表现上。成长是缓慢的，但短期内孩子们巨大的进步实实在在的震撼了我。

我为孩子能成为回龙观第二小学的一名学生而感到自豪和欣慰，更期望孩子们能够茁壮成长，夯实良好的基础，共同撑起祖国未来的明天！

花开未来

五年级四班陆思彤家长　　杨红新

当微风轻柔地托起丝丝柳絮的时候；当太阳把它金色的光辉悄然披在一棵棵俊俏的樱花树上的时候；当美丽的花瓣在空中悠悠地飘舞着，再轻轻落地的时候，孩子们正幸福地享受着烂漫的校园生活.

清晨，阳光铺在写有"回龙观第二小学"的牌子上，把柔和的晨光反射到身上，孩子们笑吟吟地接受了这份光芒，朝气蓬勃地迈进校园.感觉着这一切，许多的感慨涌入我的心中……

思彤刚踏入学校时，是6岁的时候，那时在学校里读一年级。她活泼爱动，经常会制造出各种小插曲，让班主任王老师无从下手教导，可是老师从没放弃她，就像对待自己的亲生孩子一样，不辞劳苦地为我们灌输、教导我们新的理念，在我们小小的心灵里种下了谦让、分享、文明、知识……

记得二年级下学期，卢老师接任了我们班的班主任，很幸运遇到了她，她对我们的要求很严格，而且教育的方式也很独特。在她眼里，每个孩子都是平等的，没有坏，只有好。时光过的好快，在卢老师的辛勤陪伴下我们一起走到了五年级。记得去年的时候，我们读四年级时，选举班干部时，她被老师和同学们用认可的表决当上了副班长，蛮高兴的，便骄傲了起来。上课时，老师在讲课，我们就在下面做小动作或者小声说话。这一切被正在讲课的卢老师看见了。放学后，老师当着她的面对我说了今天课堂上发生的一切，看着她头也不抬，懊悔的含着泪水，看到她的表情，老师总是像妈妈一样和声细语的教导她，告诉她时间对于每一个人来说都是一样的，你浪费了它就等于浪费了自己的大好年华。从那以后改掉了好多的坏习惯，各方面都表现的很突出，在学期期末考试时还取得了优异的成绩。

四年多校园生活，让我们改变了很多，自律、包容、谦让、自信心、进取心和感恩的心，感谢学校，感谢老师，感谢有您，伴我们走过这一段成长的心路，让我们有勇气做自己，从我们走进校园的那一天开始传授我们知识，让我们从无知开始，教育我们怎样做一个有为的知识青年，永远爱我的回龙观第二小学和我的老师们，带给我快乐和自信。

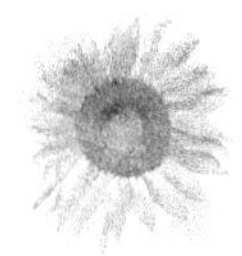

家校携手，是孩子健康成长的基石

三年级3班金闽晴家长　陈桂梅

　　孩子能够健康成长，快乐生活，是学校老师和家长的共同愿望。而要教育好孩子确实是一门学问，教育孩子需由学校、家长共同努力。家庭教育和学校教育是两个独立个体，但相互又离不开。缺失哪方面都是无法让孩子快乐健康的成长。

　　我的孩子有幸在王萌老师班级就读，别看王萌老师年纪轻，但是做事一点也不含糊，是个非常负责任，非常用心的，非常有爱心的好班主任。当然，这个世界上绝对没有爱心的人几乎不存在，但真正有爱心并懂得怎样付出爱的人更难能可贵。王萌老师就是一个善解人意的好老师、好长辈、好朋友，她不会体罚和侮辱学生。把每个孩子当成她自己的朋友一样对待，和孩子们谈心，和孩子们分享有趣的事情等等。我家孩子就特别喜欢王老师，她说王老师像一个知心大姐姐，还是个能干的大姐姐。在王老师眼中，所有的学生都是平等的，没有什么好生和差生之分。她会尊重学生，一视同仁，让学生健康地成长。最重要的是，他懂得宽容学生，能够原谅和宽容学生，给学生改正错误的机会。她懂得关怀学生，在学生受到挫折时去安慰他们，在学生烦恼时去开导他们，在学生迷茫时去帮助他们。王萌老师作为一个班主任，具有很好的管理能力，使得班级纪律严明，风气良好，教给学生做人的道理、健康的思想和正确的学习方法，以提高班级的整体素质，而不是只盯着成绩。老师自己这么用心做事，这么有爱心对待孩子，其实就是用她自己的力量在影响着我们家长，孩子潜移默化的受到这样好的熏陶，慢慢变得更加懂事，更加快乐和健康，我们家长感受到孩子的变化和进步，当然更开心，并且更愿意与老师沟通和合作，而在这样和谐有爱的大环境下，孩子就会更受益。这也是家校合作最终的落脚点，最终的目的，那就是促进孩子更加快乐健康的成长。

　　班主任王老师认真做事的风格也在不知不觉中感染着我们家长，老师都这么认真对待咱们的孩子，而作为孩子父母的我们又怎能怠慢呢？老师在每次课后都会把课上的PPT分享给我们家长，这样我们家长就能通过老师提供的资料有针对性的对孩子进行辅助性的辅导，孩子通过这样的形式就会很好的

理解一些重难点，并且能够查漏补缺，如此良性循环，孩子在之后的练习和课上都会比较得心应手。我想这也是家校合作的一个很好的方式，孩子的学习更轻松的掌握了。我们家长细看每一个老师做得PPT，真的可以用感动两个字来形容，老师那么用心去做每一个PPT，图片，音乐，背景资料等等，做出来的效果非常好我们家长都愿意多看几眼，更别说孩子了，我想老师这么下功夫去做一定是为了孩子有兴趣去多看几遍，多么有心的老师啊！为了提高孩子们的书写认字水平，老师会经常在课上带孩子们听写或者默写。而每一次的听写情况，老师都会很详细的反馈给我们家长，让我们家长及时的了解孩子在哪些方面的不足，并能回家带孩子有针对性进行补漏和补救。王老师利用多种方式加强与我们家长之间的联系，不管是用家长会、网络QQ还是电话联系，只要我们家长有任何需要和问题，王老师都会及时回复我们家长，不管是白天还是晚上老师下班之后，这点让我们家长非常感动，老师无私奉献的精神，一心扑在班级孩子身上，放弃了很多自己宝贵的休息时间。

当然班级里有近40个的学生，每个学生个性、特点和家长成长环境的不同，造就了每个学生不同的发展程度，不同的学习态度。同时也给老师带来了挑战和困难。老师无法用同一种方法对待所有的学生，而需要因材施教，因人而异的进行教育教学工作，可想而知，老师是多么辛苦，可以说是身心劳累啊。为了促进孩子们学习和各方面的积极性，王老师经常自掏腰包，买了许多学习用品和小零食来作为奖励，孩子们为了得到老师的"奖品"，一个个都摩拳擦掌，更加用心和努力起来，孩子愿意在老师那里等到肯定和鼓励，这样积极性就增强了。老师以身作则，为班级孩子的进步成长费尽心思，我们家长真是自愧不如啊。毕竟孩子那么多，老师一个人的力量总是有限的。我们家长知道这事以后也发动起来为班级准备一些学习用品等等作为奖励，孩子们更加奋勇努力了。整个班级的学习氛围愈加良好，孩子们在王老师的带领下开心的学习，快乐的成长。我们作为家长的也少了很多后顾之忧。王老师细心、用心的掌握了每个孩子的学习状态，并及时与我们家长沟通，给予我们专业的指导和帮助，更好的促进孩子的学习和发展，家校合作无小事，从小见大，正是从这些细致入微的小事，体现了老师的高素质，高水平。家校之间随时随地的沟通，能够及时地发现和肯定孩子的每一个细小的变化，给孩子信心，让孩子进步，使家长更加放心，学校轻松管理。